纺织服装高等教育"十四五"部委级规划教材
纺织科学与工程一流学科建设教材

现代纺织企业精英实践案例解析

Case Studies: Practice by Successful Professionals in Modern Textile Companies

晏雄 覃小红 主编

东华大学出版社
·上海·

图书在版编目(CIP)数据

现代纺织企业精英实践案例解析/晏雄,覃小红主编.
—上海:东华大学出版社,2022.6
 ISBN 978-7-5669-1979-3

Ⅰ.①现… Ⅱ.①晏… ②覃… Ⅲ.①纺织工业—工业企业管理—案例 Ⅳ.①F407.816

中国版本图书馆 CIP 数据核字(2022)第 075675 号

责任编辑 张　静
封面设计 魏依东

书　　　名	现代纺织企业精英实践案例解析
主　　　编	晏　雄　覃小红
出　　　版	东华大学出版社(上海市延安西路 1882 号,200051)
本 社 网 址	http://dhupress.dhu.edu.cn
天猫旗舰店	http://dhdx.tmall.com
营 销 中 心	021-62193056　62373056　62379558
印　　　刷	上海四维数字图文有限公司
开　　　本	787 mm×1092 mm　1/16
印　　　张	10.5
字　　　数	200 千字
版　　　次	2022 年 6 月第 1 版
印　　　次	2022 年 6 月第 1 次印刷
书　　　号	ISBN 978-7-5669-1979-3
定　　　价	99.00 元

前　言

工程硕士研究生（专业学位研究生中的一类）的培养是从20世纪90年代开始的，而前期是从企业的在职技术人员中选拔的；2009年，国家根据经济建设发展的需要，特别是企业生产第一线缺乏高层次应用人才的状况，决定从应届大学生中进行选拔。选拔学生后，怎样培养具有实践经验、能解决生产实际中具体问题的高层次人才，是每一所工科类高校所面临的紧迫任务，也是需要每一所工科类高校进行认真探索的重要问题。

2017年，我国在部分高校中开始建设世界一流高校和世界一流学科（简称"双一流"高校建设），工科类院校担负起了这一探索重任。

纺织科学与工程一流学科工程硕士应该具备怎样的能力？应该怎样进行培养？其重任自然落在了具有纺织领域A＋学科单位——东华大学纺织学院的肩上。特别是关于怎样培养具有引领纺织科技发展的高层次创新人才？怎样培养大型纺织集团具有战略眼光的高层次管理人才？以及怎样培养大型纺织集团具有国际视野的高层次营销人才？这些都没有现成的经验可寻，需要纺织高校教育工作者进行深入的探索与实践。

目前，在国内纺织领域高层次工程硕士研究生培养中，还未见这方面的系统探索。

优化培养实践环节，邀请大型纺织企业成功人士（精英）进课堂，是对高质量培养纺织工程硕士有效途径的一种探索。

"现代纺织企业精英实践案例解析"这门课程选择的纺织企业成功人士（精英），既有纺织专业毕业后从基层做起，一步一个脚印，从基层员工提升到企业高层管理者；也有非纺织专业毕业后从事纺织工作，做着做着爱上了纺织这一行，进而把它当作终身职业来追求的。

本教材的编写是在聘请纺织企业成功人士（精英）给工程硕士研究生进行课堂讲座的基础上，归纳这些课堂的精彩内容而完成的，既有演讲者自身成才道路上的各种体会及技术创新、产品开发等获得成功之后的各种喜悦，也有他们作为管理者在战略决策方面成功的经验和失败的教训等。本书的另一个特点是收集了部分学生听完讲座后的所思所想及心得与体会等。

有一位学生在这门课程的总结时说的一段话非常具有代表性：过去在学校主要是学习书本知识，加上一些实验，至多再加上到企业做一些"走马观花"般的参观，但这样的教学方式难以深化我们对专业的认知，难以解开我们心中的许多迷茫，以及在就业上的"不知所措"，而这门课解决了我们心中的许多疑惑。

本书的编写也是教学改革的一个环节。在本书编写过程中，有两届学生经历了"现代纺织企业精英实践案例解析"课程教学改革的全过程，他们既是此次教学改革的受益者，也是本书部分内容的提供者。

本书既归纳了纺织企业成功人士精彩的讲座内容，又生动地展现了学生思考的火花。在此对讲座专家和学生一并表示感谢！

在条件成熟后，还准备将讲座精彩部分的录像资料编辑发行，可供新同学们学习和参考。

在本课程的准备过程中和本书的编写过程中，纺织学院专业学位研究生培养的教学秘书李明老师付出了极大的精力，给予了许多的帮助。在此对李老师表示感谢！

晏雄　覃小红

2021 年 10 月

目　录

第一章　江苏丹毛成长历程之一（案例一）
　　　　（讲座时间：2019.10 及 2020.10）／ 1
　第一节　公司概况 ／ 1
　第二节　授课专家概况 ／ 2
　第三节　授课内容介绍及评述 ／ 2
　　一、概述纺织发展历程 ／ 2
　　二、国内纺织行业现状 ／ 4
　　三、国内纺织企业概况及商业模式 ／ 5
　　四、纺织行业存在问题及未来发展预测 ／ 9
　　五、新冠肺炎疫情对纺织工业的影响 ／ 10
　第四节　专家与学生互动及专家谈工作体会 ／ 13
　第五节　部分学生心得与感受 ／ 14
　第六节　小结 ／ 23

第二章　江苏丹毛成长历程之二（案例二）
　　　　（讲座时间：2020.10）／ 25
　第一节　授课专家概况 ／ 25
　第二节　授课内容介绍及评述 ／ 26
　　一、纺织行业发展现状 ／ 26
　　二、纺织品的开发 ／ 28
　　三、纺织工业的未来 ／ 30
　第三节　专家与学生互动及专家谈工作体会 ／ 32
　第四节　部分学生心得与感受 ／ 33
　第五节　小结 ／ 36

第三章　山东如意成长历程（案例三）
（讲座时间：2019.10） / 38

第一节　公司概况 / 38
　　一、公司行业地位 / 38
　　二、公司经营管理模式 / 39
第二节　授课专家概况 / 41
第三节　授课内容介绍及评述 / 42
　　一、纺织发展概况 / 42
　　二、目前国际纺织局势 / 44
　　三、我国纺织工业的局限 / 45
　　四、山东如意"跨国并购" / 45
　　五、如意集团智慧升级 / 47
第四节　专家工作实践经验介绍 / 48
第五节　部分学生体会与感受 / 49
第六节　小结 / 61

第四章　丝情画奕品牌发展历程（案例四）
（讲座时间：2019.11） / 63

第一节　丝情画奕品牌及丝情画奕服饰有限公司概况 / 63
第二节　授课专家概况 / 66
第三节　授课内容介绍及评述 / 66
　　一、丝绸的传统与现代体验模式 / 67
　　二、传统丝绸的产品与创新 / 69
　　三、丝绸销售的跨界合作与品牌创建 / 71
第四节　专家与学生互动 / 73
第五节　部分学生体会与感受 / 74
第六节　小结 / 83

第五章　安踏公司发展历程（案例五）
（讲座时间：2019.11） / 85

第一节　公司及品牌概况 / 85
　　一、安踏公司成长之路 / 85

二、安踏品牌之路 / 87
　　三、安踏公司发展重要事件：关于企业并购 / 89
　　四、安踏公司大事记（按年代记）/ 92
第二节　授课专家概况 / 92
第三节　授课内容介绍及评述 / 93
　　一、安踏的发展模式 / 93
　　二、安踏的研究与开发 / 95
　　三、安踏的企业文化建设 / 95
第四节　专家感受 / 96
第五节　部分学生体会与感受 / 98
第六节　小结 / 110

第六章　上海申达股份的发展历程（案例六）
　　　　（讲座时间：2019.11）/ 113
第一节　公司概况 / 113
第二节　授课专家概况 / 114
第三节　授课内容介绍及评述 / 114
　　一、关于纺织产品开发与创新 / 115
　　二、关于企业经济效益的考核 / 118
　　三、关于企业收购 / 119
第四节　个人成才经验与体会 / 120
第五节　部分学生体会与感受 / 121
第六节　小结 / 137

第七章　广东前进牛仔布有限公司的发展历程（案例七）
　　　　（讲座时间：2020.11）/ 139
第一节　公司概况 / 139
第二节　授课专家概况 / 140
第三节　授课内容介绍及评述 / 141
　　一、大有可为的纺织及牛仔行业的发展 / 141
　　二、牛仔时尚业的精彩正是国内品牌的机遇 / 142
　　三、合适才是企业的真需 / 144

四、选对路,走长线,充分发挥自身特长 / 144

　　五、唯有勇敢坚定的心,才能成就精彩的人生 / 145

　第四节　个人成才的经验与体会 / 145

　第五节　部分学生体会与感受 / 146

　第六节　小结 / 148

后序 / 150

附录

第1章　江苏丹毛成长历程之一(案例一)

(讲座时间：2019.10 及 2020.10)

第一节　公司概况

江苏丹毛纺织股份有限公司(简称"江苏丹毛")是一家集条染、纺纱、织造、针织、染整、时装生产为一体的综合性纺织企业，几十年如一日聚焦于主业——纺织。公司总部位于江苏省丹阳市吕城镇，在上海、北京、广州、深圳及意大利、英国等地设有办事处和产品研发中心，产品覆盖中国、日本、欧洲及美国等主要市场。

江苏丹毛于2006年被国家纺织品开发中心认定为中国精毛纺时装面料开发基地企业，2008年成为中国纺织工业协会、国家纺织产品开发中心"中国精毛纺时装面料流行趋势发布企业"，承担时装面料设计开发的重任，是中国精毛纺时装面料流行趋势指定发布企业，现已成为国内精毛纺时装面料的领军企业。

江苏丹毛以持续创新为经营宗旨，以差异化为发展策略，本着"科技领先，科技兴业，科技联盟"的方针，制定并落实了一系列加快科技进步的政策和措施。公司不断加强与国家纺织产品开发中心、东华大学等科研院所的技术合作，进行技术的原始创新和二次创新、新产品研发及信息化技术改造等，加强新产品试制计划，落实了多个重大科技项目，研发出一批代表国内先进水平的产品。目前，公司被认定为"江苏省企业技术中心""江苏省高新技术企业""江苏省'十一五'信息化试点单位""江苏省两化融合示范企业""江苏省博士后科研工作站"。公司生产的"奥美雅"牌精纺面料被评为"江苏省名牌产品""江苏省高新技术产品""江苏省消费者协会2007—2008年推荐商品"。公司拥有"自营进出口权"和"欧洲生态纺织品"及"OeKo Tex Standard 100"等证书。产品进入国际市场，远销美国、日本、韩国、法国、意大利和中东地区，与日本、美国、意大利等国家的国际品牌公司配套，在纺织同行业中享有较高盛誉。公司面料产品连续7年入选"中国流行面料"。

第二节　授课专家概况

徐导,毕业于南京大学物理专业,硕士研究生学历,2008年加入江苏丹毛纺织股份有限公司,先后从事产品开发、企业经营管理等方面的工作,现任江苏丹毛常务副总经理。

徐导于2008年进入公司,经过多年的工作实践锻炼,个人技术水平不断提高,工作经验也有相当的积累,为公司的技术进步、新产品开发、企业规划与发展做出了重要的贡献。

徐导主持公司技术工作期间组织公司技术人员自主开发与生产的莱卡弹力系列精纺面料、单经单纬系列精纺面料、女装系列精纺面料,其研究开发和生产技术在国内同行业中处于领先水平。这些为江苏丹毛的快速发展提供了有力支撑,同时增强了企业竞争力。

徐导还主持和参与了以下重要的产品研发和生产工作:

(1) 采用伸缩性羊毛纱开发、生产形态记忆精纺面料,2009年被公司授予技术攻关奖,制定了一套完整的伸缩羊毛纱的制造工艺,为公司转型升级取得了较好的经济效益。后续通过深入研究,在原有的基础上获得国家发明专利授权一项,年增加订单60万米以上,新增销售额2 500万元,实现利润300万元以上。2012年被江苏省立项为科技支撑计划。

(2) 可乐隆精纺面料的研究与开发,被公司授予技术攻关奖,制定了一套完整的可乐隆产品的生产工艺,为公司节能减排取得了较好的经济效益,现已获得国家发明专利授权一项。年增加订单120万米以上,新增销售额3 000万元,实现利润200万元以上。

(3) 耐久性增光精纺面料,被公司授予技术攻关奖,制定了一套完整的增光面料的生产工艺,为公司转型升级取得了较好的经济效益。后续通过深入研究,在原有的基础上获得国家发明专利授权一项,形成年开发生产增光精纺面料100万米的生产规模,年新增销售额7 000万元,实现利润1 020万元,创汇500万美元,上缴增值税450万元。

上述项目通过徐导主持的江苏丹毛创新团队的努力,在技术与工艺上取得突破,并形成自有自主知识产权,进一步加快了江苏丹毛的技术进步,在生产中实现了低成本运行,创造了较好的经济效益。

第三节　授课内容介绍及评述

一、概述纺织发展历程

徐导首先简述了纺织发展的历程。纺织的历史和人类文明的历史几乎是相同的,人类文明开始时,已经学会利用竹藤编织,开始用绳子等材料作为生活工具,甚至用兽皮做衣服。随着人类文明的发展,人类对于自然的认知更加深刻,开始使用棉、毛、丝、麻等作为生活和生产资源。同时,纺织行业也开始蓬勃发展。从传统的手工编织到织机,织造工具不断完善,机器加工逐步取代手工成为织造的主要生产方式。随着17—18世纪英国第一次工业革命的开始,珍妮纺纱机问世,大规模的织造厂开始建立,纺织行业正式进入大工业时代。随着科技的进一步提升,纺织机械开始快速发展,出现了环锭纺纱机等新式纺纱机械,纺纱、织造、染整等纺织步骤都开始进入机械化时代,规模化生产开始成为纺织行业的代名词。进入第二次工业革命时期,化纤的产生使纺织行业发生了翻天覆地的变化。从传统的天然纤维到化学纤维,制约纺织发展的原料问题得到了有效的解决,产生了新的纺织产业链,纺织产业也不再局限于服用纺织品,开始向产业用纺织品和装饰用纺织品发展。随着第三次科技革命的产生,科技领域开始交叉融合发展,效率和自动化成为纺织生产的特点,机械化生产取代了传统的人力生产,现代万锭纺纱只需十个工人即可解决生产问题,大大减少了人力的成本,提升了生产效率。

徐导随后回顾了20世纪80年代改革开放以来的纺织业发展历程,并从纺织企业的红利期谈起。在改革开放初期,纺织产品处于供不应求的阶段,纺织企业一度推崇"产能为王"的理念,企业家们通过大力提高产能来满足市场需求,以期获得巨大的利润。在这个时期,纺织行业的商业模式属于产能驱动型。

我国纺织业的第一个红利期发生在20世纪90年代初,第二个红利期发生在2000年后(即国家加入WTO以后)。当时的情况是纺织企业只要有原料并能生产出纺织品、服装等,基本上就能赚钱。但是,随着时代、设备、工业的发展,纺织企业躺着赚钱的日子很快就过去了。现在的纺织企业从业人员需要更加注重对市场的把控。

21世纪以来,在具有完整纺织产业链及市场需求旺盛两个背景的支撑下,一些纺织、服装企业积攒了人气和声望,创立并形成了十分优秀的品牌。在需求得到满足、生活水平日益提高的情况下,消费者在众多的选择中会优先考虑那些有良好口碑及有优质品牌的纺织产品。在我国近十年的纺织服装行业发展战略中,品牌建设也得到了足够的重视,品牌建设工作由注重服装、家纺终端消费品牌延伸到纺织原料、面料等全产业链,由注重品牌关键环节的提升扩展到研发、设计、制造、销售、服务等全价值链。因此,这一时期由品牌效应带动纺织市场繁荣的商业模式属于品牌驱动型,这是十多年来我国纺织行业的发展常态。

然而,近几年随着中国经济的转型及经济增速的放缓,纺织行业似乎进入了市场困境——产能过剩。由于近年来我国的电子商务高速发展,纺织产品市场在短期内集中形成了巨大的服装采购需求,这样的好行情给纺织企业造成"供不应求"的错觉。于是,企业纷纷提高产能,甚至超量引进生产设备,使得新增产能如潮水般内外涌出。市场终端消费者的需求、购买力及衣柜容量等客观条件限制了真实的消费量,且外部的贸易摩擦及纺织服装行业的产业转移致使出口订单萎缩。种种原因导致纺织行业的产销难以实现平衡,供需矛盾日益凸显,因此上下游纺织企业的去库存化进程都在放慢,库存压力日渐增大。

通常,纺织品市场分为两类:消费市场和工业产品市场。徐导重点提及的是消费市场。纺织品、服装消费市场的趋势由改革开放初期的产能驱动转化为后来的品牌驱动直至目前的消费者驱动,即消费者拥有更多的选择权。消费者喜欢的、享受的、感觉舒适的、感觉满意的产品,就是他们所要挑选的,因此消费市场的主要核心是消费者。

二、国内纺织行业现状

徐导介绍:我国是世界上最大的纺织品和服装生产国、消费国和出口国。通过查阅相关文献资料可知,2012—2017年,我国服装类零售一直保持平稳增长趋势。2017年,服装类零售总额达14 557亿元,达到全球最高,相比于2012年的9 778亿元,增加了4 779亿元。2018年,服装类零售总额为13 707亿元。2019年,国家出台了多项减税降费政策以刺激消费,当年预计2019年服装类零售总额将小幅上涨,达到13 849亿元。在生产领域,我国服装行业已形成比较完整的产业链,但国际比较优势更多的体现在加工生产环节,而在附加值更高的研发、设计等方面,与国际先进水平相比仍存在较大差距。有别于发展初期的依托贴牌进行简单的加工生产(OEM),我国服装行业已经开始向设计生产(ODM)和品牌生产(OBM)转变,纱线、面料、辅料等原料和中间产品的品牌价值正逐渐得到市场认可,国内外消费者对我国服装自主品牌的认知度也有所提高。换言之,我国的服装企业正进入转型期,面临从以产量取胜的外延型发展向以产品质量和创意、品牌美誉度和经营管理模式取胜的重要转变。

在这样的时期,服装行业面临产量端的阵痛(产量下滑)及零售端的低迷已在所难免,2017年全国服装产量降幅高达8.5%就足以说明这一点。在2017年之前,从2011年至2016年,我国服装产量实现了"五连涨",从254.2亿件到314.52亿件,年均复合增长率为4.4%。这也说明在传统零售盛行的时代,服装产业实现快速增长有很大的可能。进入2017年,电商模式爆发,"新零售"被提出,并被列入国家政策,产业转型在所难免。然而,服装行业并未在2017年实现产业模式的大转变,产量为287.81亿件,出现了6年以来的第一次下降,降幅高达8.5%。2018年是中国服装行业全面贯彻落实"十九大"精神的开局之年。受惠于国内外产业发展环境的改善,我国服装行业适应全球化、数字化、融合化的新常态,全面把握新定位、新机遇,创造竞争的新优势,呈现出发展活力。过去一年(2018年),我国服装行业总体保持"平稳良性,稳中向好"的发展态势。

2019年,随着年轻消费者个性化需求的增强,男装消费开始从实用大方的价值选择向时尚、运动、有型的方向发展,更加注重品牌时尚品位、产品品质和优质的体验服务。2019年初以来,我国女装品牌转型力度加大。在核心价值打造上,女装品牌投入更多精力和资源,体现了不同人群的个性特征,持续提升核心竞争力。由于服装产业具有特定的产业性质,所以其发展往往选择产业集群的模式。就我国服装产业分布情况而言,最突出的特征就是产业集群。据我国服装协会调查分析,全国服装产业中有将近70%的生产能力集中在某个地区,始终存在服装产业集聚地。在2019年之前,全球服装产业经历过三次大的地理转移,而在这些过程中,大部分迁移地都选择先承接加工生产环节的转移工作,再以集群的方式完成价值链的整合。简单地说,就是以价值链为主线,同时向上下游延伸,以获取更高附加值的核心环节,进而取得一定的竞争优势。最后以转移和外包的形式解决附加值较低的生产环节,逐步形成一个以核心生产环节为主的完整产业链。

我国从国际上承接的纺织服装产业中的加工生产环节绝大部分在内地。基于对国内市场开放程度差异的考虑,国内不同区域的纺织服装产业集群很容易做到优势互补、联动升级,在全球价值链中的多样性上占据绝对高地。根据徐导讲到的服装行业的利润问题,与服装行业的常规利润比较,优衣库的利润在3~4倍,太平鸟的利润在4.5~5.5倍,VERO MODA的利润可达6倍,而其他高奢品牌例如MAXMARA的利润可达百倍以上。

三、国内纺织企业概况及商业模式

接下来,徐导介绍了毛纺和棉纺企业的工艺流程和商业模式。毛纺企业的工艺流程一般是纺纱→织布→染整。毛纺企业可以提供从纤维原料到服装等完整的加工过程。但是对棉纺企业来说,它的纺纱部分和织布、染整部分大多是分开的。

徐导根据自身经历重点讲解了服装企业的商业模式。目前,服装企业的商业模式主要分为期货、快单和快返三种。

(一) 期货

期货是指预先准备一定的库存量,然后供初期售卖。通常,服装期货的一个制造周期约为90天,包括纺纱过程15~30天(白坯15天、色纺30天)、染整15天、织造30天、服装制作30天。

因此,设计师开发新的服装面料通常需要提前一年左右的时间,如每年1月份设计下一年冬季的面料,4月份设计下一年春季的面料,7月份设计下一年夏季的面料,11月份设计下一年秋季的面料等。另外,设计师要多参加国际上著名的时装周,如米兰时装周、巴黎时装周等。根据时装周发布的相关信息,如下一年的色彩流行趋势、面料流行趋势等,进行设计。进而根据所掌握的情况确定自己公司所要设计的面料、款式、色彩等。

当然,期货存在一定的问题。比如库存量巨大而消费者不买账,怎么办?产品种类多样化,要如何分配库存量,才能做到利润最大化？最常用的应对方法是买手制和加盟商制。买手制即选取专业买家,由他们挑选自己喜欢的衣服,然后厂家根据买手挑选比例进行备货。专业买家对当年的流行趋势有全面了解。加盟商制即举办一场大型的服装发布会,供合作的商家挑选,并根据加盟商的选取量确定库存的预备量。

但是这两种方式都有风险。买手虽然清楚当年的流行趋势和消费者心理,但是也有一定的概率挑错。买手一旦挑错,对于企业来讲,一定是寒冬将至,因为服装只会积压,根本卖不出去。加盟商挑选正确会使企业当年的备货口碑上升,但是加盟商如果挑选错误,造成货物积压,企业在下一年则会失去一大批的订单。因此,企业需要新的商业模式做补充,以便获得较高的利润。

(二) 快单

快单是指以一个月的时间将市场上卖得好的服装产品完成制作。快单的产品不是企业自主设计的,而是将其他企业设计的且卖得好的服装款式进行模仿制作,其本质上是将别家厂商好的劳动成果进行模仿的一种商业模式,这有侵犯知识产权的嫌疑,不值得广泛提倡。

(三) 快返

快返是一种比较适合快速消费品的商业模式,它能够在较短的时间内产生较大的利润,周期一般为20天。该模式下,首先以30%的库存量进行店铺售卖,一定时间后,分析消费者的偏好,得出最受欢迎的几种商品,然后将这些商品以70%的库存量全铺店面,如果持续受欢迎,则进行加单。这样,不仅企业有相应的时间进行补货,也符合消费者的消费心理,即优中选优。

采用快返,企业能够在一个季度内用1/3的产品量卖出50%的利润,消费者能选到自己喜欢的商品,企业能够实现利润最大化,两全其美。因此,在快时尚服装领域,快返这一商业模式得到越来越广的应用。

针对纺织服装行业严重的库存问题,徐导给出了目前行业中比较行之有效的缓解办法。新款产品上市一段时间后,通过其销售量,可以轻易地区分出畅销款与滞销款。在以往,企业会将注意力集中在滞销款的库存清理上,通过各种促销手段以实现"去库存"。现如今,一些企业对纺织终端产品的"价格悖论"有了透彻的理解,不再将精力放在滞销款上,而是加大对畅销款的补货与营销,争取弥补企业在滞销款上的亏损,同时依靠打造爆款来获得巨大利润。为了做到补货及时,企业需要在新产品上市之前做好备坯工作。若每个品类的商品准备一份备坯,其成本风险是非常大的。因此,企业在开发新产品时,要考虑以同一份备坯开发几种不同的款式,以减小风险。虽然,这样会使新产品开发具有一定的局限性,但粗略来讲,一种爆款商品产生的效益可以占企业当季新产品总效益的50%,因此这个缓解库存问题的方法是十分有效的。

另外,纺织服装领域常采用买手制。买手结合历年的市场经验与时尚预测资讯,做出爆款商品的预测。对于这些预测的爆款商品,企业会在初期加大备货量。虽然这样的做法可以在一定程度上避免缺货断供的真空期,但买手制需要培养专业买手,还需要有大量的周转资金,而且一旦预测的爆款产品当年销量低迷,企业便会产生巨大的积压库存。

买手制在时间、金钱成本上的风险都不可估量,因此一些企业推行了加盟商模式,如海澜之家便是典型案例。在上游市场,海澜之家向供应商购买货物时,采用赊购的方式,即海澜之家若存在没有销售出去的货物,可以退还给供应商,由供应商来分担大部分的风险。在下游分销阶段,海澜之家不断引入加盟商。海澜之家的加盟商仅需承担房租和日常的营运费用,各分销门店的管理由海澜之家负责,加盟店里卖不掉的商品可以退回总部,这就意味着加盟商不必承担商品滞销的风险,使得加盟的吸引力大增。据了解,海澜之家的库存周转时间高达近300天,其库存量是非常大的,数据显示,截至2018年末,海澜之家的库存量为94.7亿元,而海澜之家的存货占营收比重也在不断提升,海澜之家2018年的存货占比为49.6%,远高于市场同期水平。由此可见,海澜之家的购销模式,使其与供应商、加盟商三方结成利益共同体,极大地分摊了海澜之家的风险,但是在库存量日益庞大的背后,也存在一损俱损的严重隐患。

对服装行业来说,高库存量不仅会让企业的资金周转率下降,在目前储存和运输成本持续上涨的背景下,还意味着企业要付出额外的成本,而且库存时间越长,仓库里的这些服装越难转化成利润。打折促销、与专门的库存清理公司合作,是企业清库存的常规手段。从唯品会库存特卖模式的出现与兴起,就能看出这个行业的库存问题待解决的迫切与无奈。

订货会是以产品实物吸引消费者购买的一种形式,可以由一个企业举办,也可以由多个企业联合举办。订货会可以让顾客看到企业的真实产品,能实地考察产品的质量、规格、标准及产品的生产过程,可以比较准确地判断产品。服装企业订货模式一般有两种:一种是一年四次订货;另外一种是春夏及秋冬两次订货。目前,订货会大多采用80%的成衣预定及20%的面料预定,后者作为后期市场反应所产生的爆款进行翻单的准备;同时在上新一段时间后快速收集市场上他人的爆款,买样进行快返,这在一定程度上也能为企业销售做出贡献。

订货会的主要流程:

(1) 确定订货会的邀请对象。

(2) 确定订货会的主推品项。企业的产品品项往往不是单一的。要确定采取哪款产品作为主推品项,要对市场进行充分调研,找出机会最大的产品,由此产生一些主推款式,进行展示。同时,可以结合加盟商在订货会上的款式订量,确定可以作为主推的款式。这可以在一定程度上让企业规避风险,加盟商承担一部分定错爆款的风险代价。

(3) 制定主推品项的订货政策,确定订货会的主题。

(4) 做好时间安排和订货资料的准备。根据邀请对象发邀请函,函上注明订货会时间、地点,同时可将产品资料、价格表和促销活动通知送到客户手中。

讲解完商品生产周期,徐导又介绍了商品的生命周期。产品生命周期(简称PLC)是产品的市场寿命,即一种新产品从开始进入市场到被市场淘汰的整个过程的时间。产品生命是指产品在市场上的营销生命。产品和人的生命一样,要经历形成、成长、成熟、衰退等周期。新产品上市后,其生命周期一般分为导入(进入)期、成长期、成熟期、饱和期和衰退(衰落)期五个阶段。

除了一般的产品生命周期,还有一些特殊的产品生命周期,包括风格型产品生命周期、时尚型产品生命周期、热潮型产品生命周期、扇贝形产品生命周期四种。风格是指某一时期流行的有突出特点的穿着、行为等表现方式。风格一旦产生,可能会延续数代,根据人们对它的兴趣而呈现出循环再循环的模式,时而流行,时而又不流行。时尚是指在某一领域内,目前为大众接受且喜爱的风格。时尚型产品生命周期的特点是,产品刚上市时,很少有人接纳(独特阶段),其接纳人数随着时间慢慢增长(模仿阶段),然后被广泛接受(大量流行阶段),最后缓慢衰退(衰退阶段),消费者开始将注意力转向另一种更吸引他们的时尚。热潮是指来势汹汹且很快就能吸引大众注意力的时尚,俗称时髦。热潮型产品往往快速成长又快速衰退,这主要是因为它只能满足人们一时的好奇心或需求,所吸引的是少数寻求刺激、标新立异的人。扇贝型产品生命周期主要指产品生命周期不断地延伸,这往往是因为产品创新或人们不断地发现产品新的用途。

产品从生产到上市,最终会面临库存的问题。所以,库存管理系统是一个企业不可缺少的部分,它对于企业的决策者和管理者来说都是至关重要的。库存管理系统广泛适用于批发、零售、生产的商业企业、商店、门市、仓库等,对商品的进货、销售、库存,以及财务的收付款、客户账进行一体化管理。其主要功能有入库管理、出库管理、收付款管理、商品资料管理、用户信息,以及客户资料管理、其他收入管理、支出管理,还有各种明细账查询和其他功能。对于服装门店来说,一般一季货品的单款单色(SKC)在300~400。一个门店的SKC取决于门店的面积,款式深度依据门店的级别确定。

在当前的经济背景下,纺织行业受到终端消费者的辐射愈来愈强,商业模式逐渐从品牌驱动型过渡到消费者驱动型,以消费者的需求作为导向进行产品的开发与生产。

以消费者为核心的驱动形式,也会给行业带来一些难以解决的问题。例如,前端的纺织生产与终端的时尚消费之间,存在巨大的信息鸿沟,纺织服装行业的最大痛点之一是无法准确把握客户需求。

纺织市场的消费者审美不断变化，促使纺织行业提高新产品开发的响应速度，"快销品牌"应运而生。就行业本身而言，快时尚会不可避免地加重库存问题。快时尚使行业产品的变化速度变得愈来愈快，产品的生命周期日益缩短，这种现象在服装产品上表现得极为突出。"款少量大"的服装市场供应模式向"款多量少"的方向转变，一批新款服装从纺纱、织造、染整到最终成衣的交期时间仅需要90天。终端服装企业提供的产品类别和产品的可选择度需要进一步提高，这使得纺织供应链中的产品数量成倍上升。

接着，徐导分析了一个国家的自有品牌应该如何发展，以及中美贸易摩擦对我国纺织行业的影响。从2018年中美贸易摩擦开始，纺织行业是第一批被列入征收关税的产业之一，30%的关税对国内的纺织行业产生了一定的影响，但同时也展现了我国纺织技术的成熟。纺织作为贸易摩擦的一部分，我国纺织行业受到的影响是利大于弊的。贸易摩擦会使我国纺织业将劳动密集型工厂，如成衣厂等转移至东南亚，使得织造、纺纱、染整等工厂向现代化纺织企业转型，将现代信息系统与纺织管理和生产相结合，提升纺织加工的效率，促使我国纺织产业升级。弊端是会使部分中小型纺织企业无订单，而这会倒逼中小型企业加快转型。我国纺织行业已经步入转型升级的关键时期，国内外的发展形势瞬息万变，因此要实施一系列的应对策略来适应市场变化，促进行业转型。相信在不久的将来，国产品牌无论是产品质量还是品牌形象，都会在世界市场上绽放光彩。

四、纺织行业存在问题及未来发展预测

徐导随后介绍了我国纺织行业存在的问题。近30年来，纺织行业的粗犷式扩展同时也带来了很多问题。从业人员专业能力的不足、工业生产造成的环境污染问题，以及人口红利的减少，都使得国内的纺织企业需要寻求新的发展方式。同时，国内纺织企业产品同质化严重，产品市场竞争力不足，以及落后的经营理念和设施设备、高昂的运营成本，都使得国内纺织企业不得不转型，倒逼国内纺织产品升级。

随着我国城市居民消费水平的提高，在纺织品作为生活必需品已经得到基本满足的条件下，个性化、多元化的需求将取代数量扩张，日益成为新的消费趋势。纺织企业想要在如今的市场困境中谋求发展，不能再一味注重工业化的产量，而应该顺应发展趋势，更好地满足消费者对衣着产品时尚性、功能性等方面的要求，从加工制造环节向研发、设计、品牌等方面转型，将核心放在提高产品品质上。纺织企业必须打造自身优势，例如充分利用互联网的发展，将大数据、云平台、移动支付等信息技术与个性化定制、品牌营销进行多元融合，不断创新，顺应时代发展潮流。

另外，徐导还针对"中美贸易摩擦对中国纺织企业的影响"谈了自己的看法。

中国是世界上最大的纺织品服装出口国，同时，纺织品服装出口也是我国贸易出口

的重要组成。以 2017 年的数据为例,我国纺织品服装贸易额累计 2 931.5 亿美元,同比增长 1.2%,其中出口 2 686 亿美元(增长 0.8%)、进口 245.5 亿美元(增长 5.3%),累计贸易顺差 2 440.5 亿美元(增长 0.4%)。纺织品服装出口约占全国出口总额的比重为 12.13%,占全球纺织品服装贸易总额的比重为 36.8%。

美国纺织品服装的主要进口国为中国、印度、越南、巴基斯坦、墨西哥、孟加拉、印度尼西亚、韩国、洪都拉斯及加拿大等。2015 年,前四大对美纺织品服装出口国为中国、越南、印度及墨西哥,占比分别为 37.25%、9.43%、6.68% 及 4.52%,中国占有绝对优势。越南作为美国的第二大纺织品服装进口国,因其产业配套相对完善、生产成本低、劳动力充裕等,最有可能承接订单的转移。有专业机构参考中国纺织产业的发展历程,测算越南纺织品服装出口的总规模,2025 年将达到 1 537 亿美元。

2019 年的中美贸易摩擦使中国出口订单下滑 6%,达到 188 亿美元,这对中国纺织品服装企业来说是严峻的挑战。

徐导认为这在客观上也倒逼中国的产业加速转型升级,这是一把"双刃剑",因为成本压力逼着产业往外走。目前,上海纺织企业在非洲埃塞俄比亚已经建立自己的纺织基地,这也是上海纺织业的战略举措。通过充分利用当地的人口红利和土地资源,实现对美贸易的稳定出口。想要化解贸易风险,还需要通过开辟新的区域市场,通过跨界发展等途径,提高产业的抗风险能力。

五、新冠肺炎疫情对纺织工业的影响

2020 年对全球来说都是非常特别的一年,新冠肺炎疫情影响了全球各个行业。它对我国的纺织行业有怎样的影响呢?2020 年 11 月,学院再次聘请徐导来校给学生做专题演讲。

徐导首先概述了新冠肺炎疫情对纺织的影响:整体来看,新冠肺炎疫情作为 2020 年我国面临的最严峻挑战之一,对中国纺织行业产生了重大的影响,它使得纺织服装企业,特别是中小型企业,面临着工人短缺、产业链上下游企业复工不同步等不利于恢复生产的困难及新挑战。

徐导将疫情对纺织业的影响,具体从内销、外销两个方面分析。

(一) 对内销的影响

(1) 2020 年上半年,纺织服装线下市场基本停摆

以往的年份,由于春节前集中采购及春节期间线上流量井喷,节前为服装类零售高峰期,而节后一段时间为平销期。2020 年 1~2 月由于爆发新冠肺炎疫情,在武汉等地的封城及隔离措施的影响下,全国各地线下纺织品服装市场推迟了开业时间,客流量大幅下滑,运营基本停摆,线下零售额受到的负面影响显著。

(2) 企业尝试通过线上交易缓和新冠疫情的影响

在线下市场无法正常营业的情况下,纺织服装企业尝试通过线上交易打通产业链,增加销量,缓和疫情影响。例如,江西省纺织工业协会、青山湖服装设计师协会等地方协会帮助省内中小型服装工厂及经营服装的电商组织开展"线上产业资源对接"活动,帮助他们打通产业链上下游的对接合作,以降低各自的经营成本,提升其抗风险能力。各服装品牌也纷纷将重点放在线上销售渠道,通过线上直播、线上促销等方式增加销量,以减少疫情给线下销售带来的损失。

(3) 纺织品服装需求在疫情缓解后报复性反弹

国内疫情基本缓解后,消费者健康运动需求爆发,类似运动服等有关健康、功能性品牌需求呈爆发式增长。此外,口罩、防护服和其他卫生消毒用纺织品需求在短期内持续增长,由此带动其他功能用、产业用纺织品行业的发展。但疫情给经济带来的负面影响,将在一段时期内影响纺织服装行业的整体发展形势。

(二) 对外销的影响

(1) 疫情带来了外销订单减少或流失的风险

受疫情影响,纺织服装企业春节前的海外订单出现延误,企业面临客户退单、索赔等问题,同时还面临海外订单转移至其他国家的风险。2020年春节后,虽然我国疫情得到了有效的控制,但海外由于疫情爆发、蔓延,多个国家陆续宣布采取封城、封境等管控措施,这使得海外客户下单犹豫或取消订单。外部需求疲软导致新签订单大幅减少。

(2) 疫情对货运物流的影响导致货物不能按时交付

随着疫情在全球的发展,多国采取了各种管制措施,包括船舶入港管制、陆地边境封锁、暂停国际铁路连接等,还有对来自疫情严重国家的货物进口采取管制等措施。即使货运船舶、列车等已满足相关管制要求,被确认为不会对公共卫生造成威胁,但也有可能面临其他问题,如目的地卸货及通关人手不足,出于疫情恐慌情绪拒绝通关、卸货等。以上情况都严重影响了我国出口货物的及时交付,订单违约风险明显上升。

(3) 布局海外的企业生产受到影响

尽管部分纺织服装制造企业,特别是行业龙头企业,早已布局海外,受国内复工延期的影响有限。但很多布局东南亚的企业都是从中国进口面料,加工后销往欧美市场的。上游原料供应受国内疫情供应不足的影响,下游终端客户随着疫情在欧美持续发酵而取消订单,布局海外的企业也受到疫情的严重影响。

但2020年下半年开始,纺织行业出现了许多积极的现象,海外订单大批回归国内企业。这主要得益于国内对疫情的有效控制,而海外疫情严重。这为纺织行业全年实现正增长奠定了坚实的基础。

(三)疫情下纺织企业的应对

徐导认为纺织行业是传统的民生产业,为适应时代的进步、经济的发展,必须不断转型升级,才能实现可持续发展。在后疫情时代,纺织企业重点应从以下几方面抓紧、抓好转型升级工作。

(1)紧跟时代,"三位一体"同发展

面对全球疫情爆发及持续对我国纺织服装外贸的巨大影响,我国纺织服装企业应及时认清现实,勇敢面对现实,分析企业发展当前的优势和劣势,并紧跟纺织品市场需求动态,深入分析纺织品需求趋势,力求行业抱成团。

一方面,纺织企业应积极向行业组织靠拢,充分运用行业信息,分析自身产品优势及市场上纺织产品的热卖品、爆品等,及时规划企业发展方向、季度性生产标准和数量等,为疫情之后的订单恢复做好准备。与此同时,开拓国内市场和国际疫情净土区。我国有14亿多的人口,纺织品需求巨大。随着生活水平的提高,人们对纺织品的需求愈加多元化、个性化。我国疫情逐步缓和,国内企业基本复工复产,应结合国内能和国外正常交易的客户的季节性需求和时尚元素变化,及时生产出市场需要的纺织品。

另一方面,我国纺织企业应充分利用当前我国政府在疫情阶段为各大企业提供的政策支持和经济支持,同时寻求行业的支持等,通过企业自身和政府、社会三位一体的共同努力,内外联动,积极维护客户关系,力争疫情期间纺织企业在夹缝中求发展。

(2)创新、绿色理念,升级生产技术

随着我国改革开放的拓展和"一带一路"倡议的深入进行,我国纺织企业发展获得了很多机遇,同时也受到了极大的挑战。疫情爆发阶段,以美国为代表的一些国家,纷纷提高了对我国贸易出口的要求,设置重重贸易壁垒。我国纺织企业应当充分利用当前机遇,创新、绿色理念,升级自身产品的生产技术,加大技术投资,从原材料、产品设计、生产、运输到销售等各个环节,将"绿色"贯穿始终。

一方面,纺织企业应创新生产理念,部分污染严重的纺织企业应加大技术投入,摒弃污染严重的传统生产技术和生产线。结合棉花市场的动态变化,提前储备有机高质量棉花,适当引进高科技生产机器;同时,趁着市场空档,对一线工人进行培训,提高其生产效率和绿色理念;另一方面,升级生产技术,提高纺织产品的含金量,提高产品的质量与竞争力。纺织企业应充分运用政府的政策支持和经济支持,大力提高纺纱、织造等过程的生产效率和技术水平,切实提高我国纺织产品的档次,提高其受欢迎的程度。

(3)增强品牌意识,加大宣传投入

当前,我国纺织企业还存在一些出口小众品牌、物美价廉的纺织产品的企业。品牌,是一个企业的生命,更是消费者信任、认可的标志,对我国纺织企业的发展和国际市场占有率有着重要的影响。我国纺织企业应切实增强自己的品牌意识,用高质量的产品、富有内涵的企业文化和值得信赖的品牌，征服国内外市场。

同时，纺织企业应充分运用大数据时代的优势，运用信息媒体技术，拓展宣传平台，加大宣传费用。继续大力推进"三品战略"，即增品种、提品质、扬品牌，使一个企业的产品在用户心目中无可替代。只有这样，企业的知名度才会越来越高，占据的市场才会越来越大。要达到这个目的，企业必须在队伍建设、严格管理、采用先进工艺装备等方面锲而不舍，不断提升。

第四节　专家与学生互动及专家谈工作体会

讲座结束，课堂进入提问互动环节，徐导首先给大家介绍了产业转移。

企业将产品生产过程中的部分或全部工序由原生产地转移到其他地区，这种现象叫作产业转移。产品生命周期理论认为，工业各部门及各种工业产品，都处于生命周期的不同发展阶段，即经历创新、发展、成熟、衰退等四个阶段。威尔斯和赫希哲等对该理论进行了验证，并加以充实和发展。区域经济学家又将该理论引入区域经济学，进而产生了区域经济发展梯度转移理论。关于整个纺织行业，转移的部分主要集中在服装行业。

接下来，徐导又讲了中美贸易摩擦。一些国家通过高筑关税壁垒和非关税壁垒，限制别国商品进入本国市场，同时又通过倾销和外汇贬值等措施争夺国外市场，由此引起的一系列报复和反报复的行为，称为"贸易摩擦"。徐导主要分析了中美贸易摩擦对纺织行业的影响。

最后，根据同学们的要求，徐导针对学生刚进入企业时会出现的一些不适应的情况谈了自己的看法。

从认知论的高度，徐导认为：对一个事物而言，认识过程分为认知、理解、运用、体会感悟等四个阶段。在本科及硕士期间，学生更多经历的是认知和理解两个方面，即学习大量的基础知识，掌握已有技术和设备具有的功能等；接着，设计方案进行实验；进而，进行数据处理及分析，最后得出结论。但是企业需要的是应用，因此学生刚进入企业时需要经历一个将知识由理解转化为应用的过程。所以，学生刚进入企业时，要少说多看，注意把控细节，并且注意不过分依赖课本上的理论，应该多和企业各个环节的相关人员进行充分的沟通，只有对每个环节的要点都有清晰的认知和理解之后，才能开辟纺织产品的高效率创新、开发之路。

另外，徐导还提到未来正在向信息化社会转型，纺织服装业也一定是越来越信息化、智能化的。依靠人力的效率不仅偏低，也耗费资源，所以学生应该努力提升自己解决问题的能力,不仅要做,更应该知道怎么做,以及如何做才能做得更好。

第五节　部分学生心得与感受

讲座结束后,同学们都提交了读书报告。下面汇集了部分学生听完报告之后的所思、所想:

王运:听整场讲座,丝毫没有感到疲惫或者枯燥,更像徐总给我们讲了一个故事,在故事的结尾又做了一番总结,发人深省。短短的一个半小时,让我对企业有了一个初步的概念,徐总的分享让我对丹毛更加感兴趣,甚至希望有机会到这家公司进行实习。我相信有这样的领导,工作氛围不会差!他的言谈举止也给我留下了非常深刻的印象,风趣幽默,又不失沉稳大气,是我学习的好榜样!这场讲座让我获益匪浅。

罗棋棋:疫情是危机,但危机之下蕴含着转机,很多被人认为是趋势的认知被进一步确认,倒逼企业进行自身的升级建设。我认为面对不常态的需求变化,企业要抓紧自身的数字化平台和供应链自动化建设,运用工业互联网、5G、云计算等新技术工具对自身的管理和制造水平进行升级,同时做好与顾客的联系和沟通,第一时间了解变化,快速反应。未来智慧化和智能化建设已经启动,对于传统人工的依赖减少,这些需要高素质人才的参与,同时管理者也要转化管理和生产思维。

中国可以参考日本消费品的发展和历史变迁,这对于中国未来的消费市场的发展具有指导意义,我们可以通过观察和布局产品开发来应对消费升级和变迁。目前日本的老龄化特征明显,新生儿减少。年轻人由于生活压力大和思想上的追求,不愿意生孩子,这给日本社会进一步的发展造成极大的困难。同时,日本的宅文化现象,恰如国内兴起的独居、社交恐惧症等反社交现象,隐藏着未来社会发展的定时炸弹。由于我国人口众多,人们的收入水平和认知差距较大,一线城市呈现发达国家的生活特征,但大多数人还处于从低到高的发展阶段,这些人群是推动我国未来消费上升的主要力量。适合老年群体和单身独居青年的相关产品开发是当下布局未来产品研发的重要一步。

朱莹:疫情期间,我们听到最多的是世界正处于"百年未有之大变局"。我国能够在如此短的时间内控制住疫情,得益于我国强大的制度体系和优越的民族文化精神。我国拥有全球最庞大的消费人群,以及经过高度整合的文明和市场、共同的伦理、相同的价值观,这些都是我国互联网时代迅速到来的基础,而互联网的传播速度又使得我国各行各业必须加快脚步,紧跟时代的步伐。企业为了将产品销售出去,必须在全渠道营造销售氛围,采用各种营销手段拓展市场,同时注重高层次人才培养。

董玉佳:在此次疫情中,我国之所以能够很快地控制住疫情的蔓延,与我国优越的社会主义制度是分不开的。在中国共产党的领导下,全国人民积极配合,心中坚持"四个自信",从而很好地控制住来势汹汹的疫情。还有一个很重要的原因,它就是中国纺织服装企业高度的国家情怀和行业担当,各企业纷纷快速转产复工,全力投入到防护服、隔离衣、医用口罩等防疫物资的生产中,为新冠疫情阻击战做出了应有的努力和贡献。这体现了中国纺织服装行业企业在危难时刻的责任担当,也体现了中国纺织产业链的完备和快速反应能力。未来,纺织行业还将在"科技、时尚、绿色"等方面持续发力,推动"纺织强国"的目标全面实现。

通过"现代纺织企业精英实践案例解析"这门课的学习,我们拓展性地了解了企业的科技创新思维与角度,知晓了相关领域前沿的研究动态,凝练了已学的专业基础知识,为今后从事纺织相关工作奠定了坚实的基础。从这么多次的优秀企业家的讲座中,我受益匪浅,我对纺织行业也越来越有信心,并且越来越热爱纺织行业。

杨思宇:对于纺织行业的新生人才,如何面对行业发展过程中遇到的问题,并将所学的知识完美地应用到企业实际生产当中,是最值得思考和解决的。只有结合企业生产实践,才能发挥理论优势,正如邓小平所说的"实践是检验真理的唯一标准"。尤其作为工程硕士研究生,融入企业实践,才是我们的使命。针对"现代纺织企业精英实践案例解析"这门课程,学院为我们请到一些非常优秀的企业领导。这些从实践中走出来的成功人士让我学习到了书本上不会学习到的知识。他们将实践中并不理想的生产环境暴露给我们,把生产中疑难棘手的技术问题讲述给我们,把实践中成功的技术攻关经验、商品销售案例等介绍给我们,将自身通过多年生产、销售实践得到的宝贵经验分享给我们。这其中的知识让我受益匪浅,是非常值得我们珍惜的一门课程。

诙谐幽默的专家以一种轻松的方式打开了解说企业案例的大门。他说到有些从书本上学到的知识必须经过实践才能得到最深刻的理解。我非常赞同这句话。这就要求管理者要抓紧生产的每一个环节。从纺纱、织布到印染,每一个环节都要有实践依据。事实上,一旦迈进企业的大门,实践才具备唯一的最有力的话语权。没有人喜欢听繁琐复杂的理论知识。这就需要我们今后的学习一定要以实践为基准,重视实验,尊重事实。企业需要的是具备解决生产问题能力的应用研究型高技术人才,这要求我们始终保持认真钻研的学习态度。这是我得到的第一点收获。

专家的介绍刷新了我的认知,使我对纺织行业的信心更足了。这不仅是因为我认为爱一行干一行是很重要的品质,更重要的是因为我看到纺织行业的发展潜力是无限的。专家讲述的一个事实是,中国现代纺织企业仍然求才若渴,企业非常需要高科技人才。在中国发展纺织行业具有得天独厚的地理条件,因为中国地广人茂,大部分地区四季分明。这样,我们的纺织企业拥有的是一个面向四季服装的巨大的消费市场。尽管目前中美贸易摩擦不断,但是我国的纺织品出口绝不会因此萎靡。在这种情况下,纺织行业的走向仍然是曲折上升的，对人才的渴求永不停歇，况且我们都知道衣食住行，衣着作为人类生存最重要的一个内容，任何时候都不会停止发展的脚步。这是我的第二点收获。

企业最需要的是全能型人才。所谓全能型就是在任何岗位上都能够胜任。从这门课中，我收获最大的部分是营销策略和企业规划。一个优秀的企业销售案例是经过不断的实践沉积出来的。目前，大部分企业的主要经营模式是以经销商、加盟商展会订货量为主要参考的批量生产。在这种情况下，爆款逐渐展现出来。以往常用的打折促销的方法并不能使企业的利益最大化。然而，通过主推爆款，以两三种爆款就可达到企业利益最大化的效果。我认为之所以会出现这种情况，可以尝试通过分析大众心理得出结论。目前人们的生活条件越来越好，大部分人的穿衣要求不再是保暖遮羞即可，大家对衣着美观得体的要求越来越强烈。在这种情况下，单纯的打折促销对大部分人不再具有诱惑。再者，通过爆款的价位与打折商品价位的悬殊差价对比可知，销售一件爆款带来的利益比全力促销得到的利益大得多。这里面就是专家所说的一个倍率的问题。面对四季市场，销售者推出的新产品往往提前一个季度，正如2019年10月我们去海门参观了几家家纺设计公司，9月底他们刚刚结束的就是2020年春夏季主推的新产品及面料展。以期货的方式与经销商签订合同，这期间要进行期货的准备，一般要提前一年的时间。另外，一些设计公司还存在快单现象。我做了一个简单的了解：快单就是在每一季的新产品进入市场之后，发现某些品牌迅速出现的爆款，马上对其款式及面料进行抄袭，然后快速加工制作进入市场。这种方法显然是不合法的。部分企业则以30%的覆盖率将每种款式的服装新品对市场进行全铺，随后对爆款进行补货。在某种情况下，为了快速对某种产品进行补货，企业还会进行备坯，这种情况也被称为快返。虽然我没有学过很多的销售贸易类课程，但是我通过这门课的讲座，对企业目前的营销模式和企业规划有了初步的了解。我认为这对我今后步入企业工作是一个很好的开端。当然，要想真正深入企业工作，我还需要学习很多的知识。不仅是技术上的问题，还包括营销策略等，都应该值得我们深入学习和思考。企业在面对问题时如何调整销售方案，以及如何解决问题的方式，都值得我思考学习。我会记住：学习是永无止境的，我需要不断加深对纺织企业的了解。

一个企业要健康地成长，就要学会创新，能迅速应对生产中的各种问题。要在企业中发挥自身的优势和价值，我们在学习中就要注意培养自己的效率意识和组织管理意识。在纺织生产过程中，每个环节都要做到严格把控。作为纺织行业的先进生产力，要抓紧生产中每个小细节。一个微妙环节的变化、一个生产问题的解决，都可能给产业带来极大的变化。不论是从产品质量还是效率来说，进步是永无止境的。作为专业学位研究生，这些问题都非常值得我们思考和学习，时刻明确自己的学习目标和就业方向。

王帅：2019年10月23日，"现代纺织企业精英实践案例解析"首次开课，我们十分荣幸地聆听到来自江苏丹毛纺织股份有限公司的常务副总经理徐导的分享报告。

徐总毕业于南京大学物理系，却阴差阳错地进入纺织企业，搞起了产品研发和管理工作。徐总首先大致介绍了纺织企业的发展历史，指出1990—2000年间是服用纺织品的大发展时期，"师傅带徒弟"这种粗放的发展模式颇为流行，但是存在创新性不足的问题，特别是受到电商快速发展的强烈冲击。新销售模式下，需要更高层次人才，才能精准对接目前的纺织企业的管理和产品设计。我们处在获得知识越来越容易的时代，但知识不等同于能力，因为能力是具有主观能动性的，是可以创造的，而知识是死板的，关键在于如何理解和运用，推陈出新。

我们都会经历认知—理解—运用—体会感悟的这样一个过程。但作为学生，我们还处在理解和运用之间，并未达到更深层次的运用和感悟，而感悟会重新作用于认知。如此反复，不断形成新的认知和感悟，世界和历史也就不断地向前推进。另外，随着工具的不断革新，工作效率愈加提高，但工具的应用范围却变得越来越窄。比如锤子和钉子的出现，虽然极大地解放了双手，但存在一些应用的局限性，而这在于我们对事物认知存在片面性。因此，想要解决更多的实际问题，还需在认知—理解—运用—体会感悟的过程中不断摸索、反复，对现有的知识加以改造，对技术方法加以创新。

面对纺织产业升级，徐总分享了一些他的观点。纺织行业作为劳动密集型产业，正在向一些经济相对落后的发展中国家转移。从40年前开始，中国也是被转移的对象之一，中国的工业化是人类发展史上又一波涉及世界上人口最多的国家工业化。中国企业目前还存在一些问题。纺织行业市场与以往存在很大的差异，体现在用户的需求变得多元化、个性化，市场更加重视企业的服务水平、产品质量等，传统企业管理模式不再适应发展需要。企业管理层在一定程度上忽略了市场趋势，整体表现被动。早期纺织企业管理模式与转型期市场之间存在差异，纺织企业在此背景下市场竞争力会不断下降，这不但对企业经济收益有巨大影响，甚至威胁到企业的存亡，必须对此进行改善。现代市场用户需求日益多元化、个性化，很多纺织企业依照传统产品生产标准得到的产品存在单一化的现象，且质量标准也未必与现代标准一致，所以很难被用户接受，这使得企业经济产出能力下降。此外，现代纺织企业内部管理模式侧重于工作效率、成本控制两个部分。在传统观念下，管理层为了兼顾两者，常常会对员工提出较高的工作要求，且不会引进有利于工作效率的先进设备或技术，这给员工带来了巨大的工作负担，而长期负面情绪的积累会导致员工跳槽、辞职等行为。在纺织企业对市场趋势保持一定重视的条件下，企业管理层应当在创新视角下，对现有管理模式进行调整。通过设立监管小组定期对员工的工作行为、工作结果进行审查，再借助监工设备来弥补人工监督的空档，确保监督功能落实。纺织企业应当定期对员工进行技术培训，使员工技术、创新意识得到提升。

令我印象最深的是徐总用"玩"这个字来表述如何应对纺织商品的运转方式。纺织商品存在期货模式,即从这批产品下架到下一批产品出现,存在一定的运转周期。每年的1、4、7、10月份(即冬、春、夏、秋)代表着服装商品的变换节点。冬季就在进行夏季上市服装的生产,产品的出现都会提前几个阶段,而对于未来产品销售趋势的判断是根据往年数据的积累及其他一些因素做出的。终端销售商在冬季就开始与生产商进行下一年夏季的服装订单工作,总结今年的销售状况和发展趋势,以此决定下一年夏季各类服装产品的生产量。这一举措会使商家在服装市场上站稳脚跟,获得现有盈利的同时,还能在一定程度下预知下一年的销售业绩,达到销售利润最大化和亏损最小化,这是服装市场的生存之道。当然,每年的服装产品销售都存在一定的风险,纺织企业会采取寻找加盟商的办法来降低亏损风险。徐总举了一个例子:风衣的款式有100种,会存在这100种款式都是今年的爆款的现象吗?答案是不可能的,因为消费者始终在做选择,总是在追求品质更好、更漂亮、更流行的款式,挑选使得服装款式总会存在优劣,这一点是不能改变的。

感谢有这样一门课,它能让纺织学生深入了解现代纺织企业的运营和管理模式,为我们今后进入纺织企业打好根基,铺好道路,使得我们更加适应企业的工作要求,为自我的人生规划提供些许建议,受益良多。

向玲杰: 上周在"现代纺织企业精英实践案例解析"的课堂上,听完专家一席话,感受颇丰,略记一二。

现如今,中国已是世界上最大的纺织品加工国和出口国,这意味着纺织业的发展对我国经济有着巨大的影响,纺织业的重要性不言而喻。就服用纺织品来讲,中国的消费市场和工业产品市场也在积极发展,中国每年的纤维加工量约5 000万吨,约占世界加工量的50%。纺织行业在我国国民经济发展中占有重要的地位,是我国国民经济的传统支柱产业和重要的民生产业,也是国际竞争优势明显的产业,在繁荣市场、扩大出口、吸纳就业、增加农民收入、促进城镇化发展等方面都发挥着重要作用。

自20世纪90年代以来,一方面由于经济全球化,组织的规模不断扩大;另一方面由于信息技术的飞速发展,组织的工作方式改变了。外部环境的不断变化,迫使组织变革的频率加快。组织只有不断地提高学习与创新的能力,才能适应外部环境,同时保持组织的活力与竞争力。国内纺织服装企业更是如此。首先,企业尚处于职能式组织架构,对战略重视不够,仅仅进行了职能与策略式组织架构设计,并参与市场竞争,组织管理的理念较淡薄,不能按照有效性整体实施架构,因此无法按照战略目标和未来发展形成稳定的核心业务和有效的经营方式。其次,大多数企业普遍缺乏内在的自我创新能力。环境一旦发生变化,企业市场竞争力下降,组织系统识别环境的能力很弱,无法适应现今日益加剧的环境变化,只能顺其自然,最终导致企业组织失效从而灭亡。

如今,纺织行业的发展也存在一些痛点。一是不了解客户的需求,导致大量库存且不断累积,造成资源的浪费;二是很多纺织产品的生命周期短,这使得它们具有时间价值,例如,染整和织造的周期为15天,纺纱的周期在15~30天,服装的周期在30天左右;三是加盟商的管理还存在一些问题有待解决;四是成本管理意识不强,成本管理模式陈旧,手段单一,长期依赖硬件改造导致的企业人员缺乏创新意识、思想僵化及成本管理手段单一带来的不利影响,会制约企业的进一步发展。

也正因为如此,在市场竞争日益激烈的形势下,纺织企业的管理目标已经由过去的追求利润最大化转变为实现企业价值最大化,而要提高经济效益,就必须将加强成本管理作为企业管理工作的重点,从而提高其市场竞争力。

作为纺织专业的学生,我们既然选择了这个行业,就应该热爱这个行业,就应该在今后为这个行业的发展贡献自己的微薄之力,推动纺织业的进步与发展。在校期间,我们首先要学好专业知识,掌握专业技能,珍惜当下的学习环境,以及自己能接触到的宝贵资源,为今后的学习工作打下夯实的基础,同时更加需要跳出书本知识的局限,主动投身到实践当中去。当然,拥有知识从来就不代表你能够把事情做好,更加重要的是对所学的知识要有自己的理解,并且能够把这些知识投入到实际应用中,在亲身实践当中能够有自己的体会,并且对其进行加工和改良,这样才能获得真正属于自己的知识。如果我们把每个人的小进步累积,就能够推动我们整个行业的进步和发展。

罗雨林: 在"现代纺织企业精英实践案例解析"课程的第一堂课上,我非常有幸聆听了江苏丹毛纺织股份有限公司的常务副总经理徐导的讲座。

在这场讲座开始前,我对江苏丹毛略有认知,比方说该企业的规模较大,经营内容以高档精毛纺时装面料为主,并包括服装产品的开发设计、生产、销售环节;属于以生产纺织面料产品为主的纺织企业,其经营状况可观,是同行中的标杆企业,与东华大学等高校联系紧密。这些印象主要来源于本科相关课程中的纺织企业案例列举,但我从未思索过其企业经营的成功之道为何。这次讲座让我有契机了解江苏丹毛的成功之道,去寻根究底为什么这家企业能够历久弥新,在传统行业举步维艰的今天仍能欣欣向荣地持续发展。此外,徐导专家虽无刻意介绍,但我在聆听讲座中反思作为纺织人,抑或在其他各行各业,从业者应该肩负何种责任担当?

(1) 行业认同感是起点

徐导专家是南京大学物理系的高材生,他选择跨行进入纺织行业一定与本人对纺织的高度认同感有关。在讲座之初,徐导专家引入了珍妮纺纱机开启第一次工业革命序幕之例。那么,为什么第一次工业革命会首先从纺织业开始呢?因为生产的商品属性非常可观,比如说人人都需要消费纺织品,需求量极大;纺织品不存在阶层、国别等的消费差异;纺织品易损耗,其市场需求一直是活的,能够支撑起产业的自我升级等。综合来看,纺织行业虽然很成熟完备,但是仍然有待挖掘的潜力空间。

与之相比,作为东华大学纺织学院的本科毕业生,且作为东华大学纺织学院的在读专业学位研究生,在学习纺织工程的第五年,我对"纺织"还将信将疑。我担心纺织业,尤其是国内的纺织业日趋衰退、转移,正中"夕阳产业"的预言,以至于我无法坚定"从业纺织"的决心。听完这次讲座,结合徐老师所介绍的,我查阅了很多资料——夕阳产业是对趋向衰落的传统工业部门的一种形象称呼,指产品销售总量在持续时间内绝对下降,或增长出现有规则的减速的产业。夕阳产业是一个相对的概念。一般来说,夕阳产业有三个方面的特征:首先是市场和需求停止增长甚至出现萎缩;其次是技术落后被新技术所替代;再者是全行业效益长期低迷,边际利润接近于零甚至处于亏损状态。反观纺织行业,其需求不会出现萎缩状态,其技术日新月异且方兴未艾,其效益仍然保证正值增长。中国的纺织行业正在脱胎换骨,未来的纺织工业应该是高新技术密集型、发展前景良好、用工较少、投资回报稳定的新兴产业。有专家曾说"没有夕阳行业,只有夕阳思维"。讲座结束,我基本坚定了学纺织的信念,重新调整我的从业规划,坚定了以纺织为切入点、建功立业的青春梦想,决心在纺织业努力尝试和坚持。

(2) 行业认知度是基础

徐导老师对纺织整个大行业的认知是非常全面和深入的,在他的引导下,我能跟随着他多角度地感受纺织的方方面面。在本次讲座中,徐导老师依据他多年的从业经历和钻研学习,综合介绍了国内纺织工业的概况。经过改革开放四十余年的发展,中国已经成为世界上最大的纺织品生产国、消费国和出口国。在认可度较高的观点下,中国的纺织行业自新中国成立后经历了两大红利期。第一次是改革开放后。受到自由贸易观念的正面影响,纺织行业在政策的引领下得到迅速发展。我国人口众多,拥有世界上最大的纺织品消费市场,故在1980—2000年间,纺织行业成为我国资本积累的重要支柱。第二次是中国于2001年加入世界贸易组织后。中国的纺织市场日趋国际化,得益于物美价廉,中国的纺织产品在世界市场崭露头角。同时,国外的先进技术和更大的市场需求也推动了国内纺织工业的革新,促使产业升级和经济结构调整。

我国纺织工业的发展成就如前文所述,十分显著,但粗犷式的发展模式也导致了许多需要引起重视的制约行业发展的问题。其一是技术装备落后,新产品开发不足。据统计,我国纺织品三大行业即纺织业、服装业、化学纤维制造业中,除化学纤维生产技术和服装骨干企业的缝纫设备接近国际先进水平以外,纺纱、织造、染整等传统工艺与世界水平有较大差距。其二是标准低。目前中国的纺织企业还处于低端生产阶段,大部分的企业生产中低档产品,存在少量企业生产低档或者品质低、价格低的产品,仅有约10%的企业生产高品质产品。其三是高素质人力资源缺乏。行业缺乏品牌运作、资本运筹、国际交往的人才,缺乏国际化经营经验和适应国际竞争的复合型人才。其四是企业信息化程度不高。多数企业管理方式落后,难以真正建立起小批量、多品种、高品质、快交货的市场快速反应机制。其五是缺乏品牌经营理念。传统家纺企业多,规模小,产品单一,加工贸易比重仍然很大,应对国际竞争手段不足,处在整合阶段。其六是劳动力成本大幅上升。纺织行业从业人员多,随着劳动报酬和社会保险支出的增加,企业人力成本不断上升,这挤压了企业利润空间。此外,纺织业融资困难,风险加大。企业的发展离不开资金的支持,对现有设备进行更新改造需要资金,产品研发需要资金,过多的库存产品需要补充流动资金,这些仅靠企业的自有资金是不够的,必须得到信贷资金的支持。

徐总虽然并非纺织专业出身,但是他择业后就用心了解整个行业,在一定的理论指导下,规划企业走符合自身实际情况的发展之路,的确是从业人员的榜样模范。

(3) 航向敏锐度是动力

对企业发展的正确导航是徐导老师(或者是江苏丹毛)让我最有感触之点。对待任何事情,视角开阔是成功要素。开发创新的过程很艰辛,但江苏丹毛一直坚持创新。目前,公司已经建立起七个维度的开发,有效支撑起开发效率。江苏丹毛作为面料企业,时刻把握国际与国家的大势,以科技、时尚、绿色为创新基点,导入智能,开启服务型创新和应用型创新两项主要尝试,更好地把上游的新型纤维和原料加以应用,更好地服务下游的客户。企业重视走差异化、特色化的发展道路,坚持科技创新、新品研发,积极实现精纺面料向高档轻薄、休闲舒适、时尚个性及功能性、易护理等方向的转变;在装备上,开发建设了智能化成套设备和大数据全程智能化系统平台,以针织面料生产为起点,推进智能化制造与智能化管理。相继开发出"丹毛弹""丹毛纺""丹毛时装女装面料""丹毛多组分混纺面料""双层组织""植物染料真正绿色环保生态产品"等特色产品,提升了企业市场竞争力。江苏丹毛主动淘汰燃煤锅炉,减少锅炉尾气排放及煤渣固废物的产生,每年投入不低于5 000万元进行技术改造,努力实现清洁化生产,迎合环保大势。

当下,各行各业都在倡导创新,但创新没有标准格式,但创新也离不开基本原理,比如说,"开放的设计、可持续的设计和智慧的设计"是纺织品创新开发的必由之路。各行各业都在谋求发展,发展同样没有标准格式,但也遵循基本原理,比如说,顺应时代的自主革新是企业持续发展的必由之路。在必由之路上,对前进航向的精准、敏锐把握是不竭动力。

成功靠的不是偶然,而是必然,因为在探索的过程中,有太多的优秀品质推动着成功的发生。对我个人而言,既然决心未来坚持从事纺织相关工作,那就要保持饱满热情,持续探索和深度学习。感谢学院的课程安排和老师们的辛勤付出,让我能以职业为导向,坚定短期内前进的方向与脚步。

杨静:江苏丹毛的企业代表——徐导,给我们带来了一堂既生动又深刻的企业案例解析课。从中国的纺织消费市场、纺织企业生态商业模式现状到纺织行业的痛点分析,徐导专家的介绍让我更直观地了解到纺织企业的面貌,也引发了我对未来从业方向的思考。

纺织产业是中国最早进入世界市场的产业之一,一直是国民经济的中流砥柱。纵观历史,纺织产业在世界市场上一直表现突出。我国纺织品的制造成本低,具有价格优势,在国际上受到大众消费者的追捧,出口数量仍具有明显优势,其中小型纺织企业起到不可或缺的作用。但是,国际、国内形势的变化及产业升级等,都给企业的发展带来了巨大压力。企业既要克服自身问题寻找发展优势,又要应对外部环境带来的挑战。其中制约中小型纺织企业发展的主要原因包括以下几个:

(1) 融资困难

融资渠道少、成本高是中小型纺织企业普遍面临的问题。我国中小型企业发行企业债券受到诸多约束,因而不得不向银行贷款。贷款时,银行一般要求提供抵押或者担保;在期限方面,中小型企业一般只能进行短期借贷,但其贷款过程极为复杂。因此,企业不得不将内部融资作为重要手段,从而导致融资渠道单一,利率问题也导致融资成本高。

(2) 管理体制问题

首先是人力资源管理。中小型纺织企业大多数是家族式企业,员工之间的牵连关系给人资管理带了很大不便。其次,中小型纺织企业缺乏复合型人才,这使中小型纺织企业对新品市场不够敏感,导致其在竞争中处于不利地位。除了人力资源管理,中小型纺织企业管理系统也不完善。

(3) 产品经营理念陈旧

产品经营理念陈旧主要体现在产品定位和品牌创新能力上。中小型纺织企业缺乏国际化经营战略,在走向国际市场时遇到了很大阻碍。我国中小型企业通常具有规模较小、技术设备落后、经营理念和产业定位缺乏等问题。另外,中小型纺织企业由于自身人力资源问题,其眼光不够长远,只顾眼前利益,而且存在自主创新能力不足等问题。这些都导致我们的产品难以占领国外市场,导致企业错失更大的发展空间。

(4) 绿色贸易壁垒

企业缺乏环保意识。纺织行业是一个能耗高、污染重的行业,国家对其管控日渐加强。据有关报道,一些中小型纺织企业为节省成本,在生产服装时使用有毒有害物质,从而损害消费者人体健康。欧洲标准委员会(CEN)主要贯彻国际标准。CEN标准大多数与ISO标准相同,其内容在近些年不断地发展完善。然而,我国一些出口产品并不能达到CEN标准,因而被退回,这给中小型企业的纺织品远销海外造成了更多阻碍。

通过课堂学习,我对中小型纺织企业发展的策略有了一定的认识:加强企业品牌化意识,提高企业竞争力;明确企业发展战略,满足多元化个性需求;健全物流机制,提高售后服务水平;培养复合多能化人才,打造专业跨境贸易队伍。

专家在课堂上也提到了我国纺织企业有关品牌建设的问题,企业文化和品牌文化建设是当前社会和企业关注的热门话题。优秀的品牌依靠的是深厚的文化底蕴,文化可以拉近品牌与消费者的距离,增强消费者对品牌的认同感。消费者购买产品,选择的不仅是产品的功能和品质,也选择了该产品品牌的文化品位。在经济全球化进程不断加快,产品同质化程度越来越高,企业在产品、质量、价格上越来越难以制造差异而获得竞争优势的当下,具有独特个性的品牌文化的竞争优势凸现出来。品牌的竞争说到底是品牌文化的竞争。

我国纺织工业发展到现在(2019年),已拥有约1 900万职工、13.6万户规模以上企业、生产量占世界1/3、出口量居世界1/4的经济规模,成为全球纺织产业供应链的重要环节,对我国的经济、社会发展及世界纺织经济贸易格局都有着举足轻重的影响。但作为纺织产品制造大国,真正能被国际市场认可的品牌少之又少。事实上,从我国纺织服装企业贴牌生产国际名牌产品可以看出,中国纺织业在打造品牌上并没有太大的技术障碍,众多的中国纺织服装品牌难以走向国际市场,缺的不是加工制造技术,而是品牌的文化内涵和现代流通渠道。纺织企业如何思考、定位、加强企业文化建设和品牌建设,对企业的发展至关重要。

品牌分为五种类型:商标、商号、公用品牌、借用品牌、载体品牌。品牌的最终实质是企业与消费者的关系,是消费者对企业的关注度、信任度、美誉度。因此,企业应针对这五种类型完成以下环节:品牌的设计(包括单个品牌的设计和品牌体系的设计);产品质量战略;品牌市场定位(包括对象、档次、区域及品牌的文化含量);文化的消费价值;企业文化即企业的核心理念和价值观。

企业文化建设要克服认知的误区,不能将企业文化建设与人力资源管理脱节。要培养员工的企业认同感,加强企业员工的危机意识,避免企业文化建设简单化或政治化倾向,要从理念上创新企业文化建设,要互动和人性化。要将纺织企业文化建设的出发点和落脚点放在最大限度地提升企业和品牌的价值上,全面提升企业核心竞争力。从管理上创新企业文化建设,建立学习型组织,提升全体员工的综合素质,加强现代新媒体的教育作用,促进企业文化发展。

第六节 小 结

本次讲座是"纺织企业成功人士(精英)进课堂"的第一讲。大家的感受是专家讲得精彩,同学们听得认真。

这里描述一个细节。开讲时,主持老师做了简短的专家介绍之后,同学们礼节性地拍手表示欢迎。但当讲座结束时,主持老师刚刚说完"大家感谢一下专家的精彩演讲",

同学们就爆发出长达一分多钟的掌声,这说明同学们对专家讲课是极其欢迎和认同的。

有同学在课后的报告中谈感受与体会时,有这样的描述:

"诙谐幽默的专家以一种轻松的方式打开了解说企业案例的大门。"

"对于纺织行业的新生人才,如何面对行业发展过程中遇到的问题,并将所学的知识完美地应用到企业生产实际当中,这才是最值得解决和思考的。只有结合企业生产实践,才能发挥理论优势。"

"这些从实践中走出来的成功人士让我学习到了书本上不会学习到的知识,他们将实践中不理想的生产环境暴露给我们,把生产中疑难棘手的技术问题讲述给我们,把实践中成功的技术攻关经验、商品销售案例等介绍给我们,将自身通过多年生产、销售实践得到的宝贵经验分享给我们。这其中的知识让我受益匪浅,是非常值得我们珍惜的一门课程。"

"专家的介绍刷新了我的认知,使我对纺织行业的信心更足了,这不仅是因为我认为爱一行干一行是很重要的品质,更重要的是因为我看到纺织行业的发展潜力是无限的。"

"感谢有这样一门课,它能让纺织学生深入了解现代纺织企业的运营和管理模式,为我们今后进入纺织企业打好根基、铺好道路,使得我们更加适应企业的工作要求,为自我的人生规划提供些许建议,受益良多。"

"'没有夕阳行业,只有夕阳思维'。讲座结束,我基本坚定了学纺织的信念,重新调整了我的从业规划,坚定了以纺织为切入点、建功立业的青春梦想,决心在纺织业努力尝试和坚持。"

"成功靠的不是偶然,而是必然,因为在探索的过程中,有太多的优秀品质推动着成功的发生。对我个人而言,既然决心未来坚持从事纺织相关工作,那就要保持饱满热情,持续探索和深度学习。感谢学院的课程安排和老师们的辛勤付出,让我能以职业为导向,坚定短期内前进的方向与脚步。"

上面归纳了部分学员听完讲座后的所思所想,其中不乏深思后所闪烁的智慧火花。

第2章 江苏丹毛成长历程之二（案例二）

（讲座时间：2020.10）

公司概况见案例一。

第一节 授课专家概况

俞金林，男，1985年出生，高级工程师，江苏丹毛纺织股份有限公司研发经理。

2010年东华大学硕士毕业后进入企业工作，主要从事功能技术纺织品的开发工作。目前担任中国纺织工程学会毛纺专业委员会委员、《毛纺科技》杂志编委会委员、第一届中国纺织工程学会青年工作委员会委员等社会职务。参研国家重点研发计划2项、国家产业振兴计划1项、江苏省科技成果转化1项等。获江苏省科学技术奖一等奖1项、纺织工业联合会科技进步奖二等奖1项、江苏丹阳市具有突出贡献中青年专家。申请发明专利十余项，发表论文十余篇。

进入企业工作后，主持开发的羊毛纤维的植物染色及其生态性研究，获得"纺织之光"二等奖，并已经被国内外高端品牌批量采用。在此技术上开发的利用植物染料实现毛针织精纺面料的绿色产业化项目，获得丹阳市科技发展专项资金项目的资助。与公安部第一研究所共同开发的夏季毛涤单裤降温面料，可以达到2~4℃的降温效果，处于国内领先水平，获公安部的资金资助，并通过了公安部的相关技术鉴定，部分地区已经采用，目前已获得国家授权发明专利。

主持开发的调湿控温羽绒服项目，获得2017年度中国纺织工业联合会"十大创新产品"荣誉。利用该技术生产的羽绒服和西服面料产品占公司产能的10%以上，每年获得订单超过150万米，销售额上亿元。该技术可应用于毛型吸湿凉爽舒适面料关键制备技术及应用的国家重点研发计划。

另外，自主开发的"伸缩性羊毛纱技术"，可以不采用任何弹性纤维，利用羊毛本身的弹性和纱线结构设计，面料即获得15%以上的弹性效果。在此基础上，又开发了生态型的形态记忆面料,获得江苏省科技支撑计划项目的支持,该产品已经产业化,并获得国内外多个品牌的订单。

第二节　授课内容介绍及评述

一、纺织行业发展现状

讲座开始,专家从他的视角为同学们分析了当前纺织行业发展的现状。

专家指出,中国的纺织业正在经历前所未有的转型变革,其特征表现为以下几点:

(1) 大部分纺织企业进入二代接班。纺织企业的创始人大多数是在20世纪八九十年代开始创业的,到现在已有相当一批企业的管理层人员被替换为更能接受新事物的年轻一代。同时,这些新一代管理者比老一代管理者更热爱创新,更渴望吸收有能力、有创新思想的纺织专业人才。

(2) 内需市场不断释放和下沉。国内市场对纺织产品,尤其服装产品的需求量,依旧很大。东南亚地区服装生产工厂大多数是中国人投资的。

(3) "一带一路"倡议的市场效应不断显现。我国纺织企业的市场规模在"一带一路"沿线国家和地区不断扩张。

(4) 中国的纤维产业规模优势变得更加突出。

专家接着提到纺织企业当前存在的两个问题:

第一个问题是纺织企业老龄化和人才短缺。纺织企业的工人老龄化严重,年轻人不太愿意到纺织企业第一线工作;同时由于大众和学生对于纺织企业普遍存在工资低、工作环境差的固有认知,纺织专业人才流失严重。关于这个问题,只能靠企业或者说我们这些学纺织的人想办法解决。

第二个问题是时尚话语权和地区产业竞争加剧。服装设计师和服装品牌公司一直把握着纺织企业的时尚话语权,这导致纤维和面料企业的生产和开发只能跟着服装走,纺纱厂和织造厂只能靠追寻服装时尚前沿的脚步决定大量生产哪种纱线或面料,一旦这些产品没有在这个时尚的浪潮中销售出去,受损的永远是纺织企业。专家指出,中国纺织企业能够生存的一个重要原因是服装业的多样化需求,但纺织业这么多年来的发展都存在同质化的趋势,没有形成独立、创新多样化的纺织企业。要把握时尚话语权,纺织企业就必须进行产品品牌化的改革,重新进行市场定位。在创新及提升纤维和面料的基础上,将纤维、纱线、面料逐步品牌化。在专家列举的案例中,就有国外的纤维和面料企业已经完成品牌化,许多服装公司都以使用这些企业的纤维和面料作为广告宣传元素。这就是我国纺织企业未来一段时间应该走的道路。

另外,纺织业还出现两个特点变化:

(1) 从大批量变为小订单。2020年,始料不及的新冠疫情改变了人们的生活,各行各业都发生着深刻的变化,面料企业的改变也被服装品牌企业看在眼里。"今年的面料企业更好说话了。"以往,服装品牌企业经常因为订单量有限,找不到高质量的面料企业接单。但今年由于市场状况特殊,很多面料企业放下了身段,对小订单也积极争取。以往很多时候,一些面料厂家是不屑于做小订单生意的,认为利润有限。但今年的情况有所不同,面料企业开始意识到必须重视中小型服装品牌,能感受到面料企业的订单开始从大批量向小批量转变,甚至有接近零售订单发货的方式。

现在的消费者很容易被网红主播、设计师种草,而这些通常是小团队作战,订单量都不大。在个性化、定制化时代,多品类小订单是必然趋势。对此,多位面料企业相关负责人表示,在今年特殊的背景下,企业尝试一种全新的商业模式,其利润来源不应该再依赖传统的"大品牌客户",而是源自那些数量庞大、订单量容易被忽视的小众品牌。纺织业应该打破以往那种依靠大额订单养工厂的思维模式,开始学会靠碎片化订单积少成多,汇聚成巨大的市场效应。未来,面料企业要适应下游品牌灵活的起订量要求。

(2) 从"价格战"转向"价值战"。由于外贸受阻,想要扩大内贸业务比例的面料企业不在少数,这让原本就僧多粥少的纺织内贸市场竞争压力进一步加大。竞争最直接的手段就是打"价格战",这也导致很多企业不得不降低面料价格。

价格的确是摆在面料企业和服装企业之间的一个大问题,一些服装企业为了实现自己的利益最大化而压价采购面料。面料企业的应对方式,一种是坚持自己的价格,导致服装企业为了降低采购成本,找其他供应商仿制这种面料,从而损害了面料商的利益;另一种是面料企业答应降低价格,而实际提供的产品在品质上"缺斤少两",这势必会使服装风格和效果大打折扣,这自然会影响服装的销售,由此导致的服装企业库存积压的情况并不少见。在专家看来,面料企业与服装企业应在保持利润分配合理的前提下,相互讲诚信,这样才能获得长远发展。

"虽然'价格战'能够快速吸引客流,但是也会给消费者造成价格依赖,让他们只期待促销价格,或者产生企业产品只值这个价的错误印象。面料企业也是一样的。"价格较低的面料,其生产企业的开发能力通常较弱,其他供应商容易跟风,只适合做大路货。我们更希望面料供应商能够提供给客户更多、更好、更吸引人的产品,注重流行和时尚性,而不是纯粹按照来样开发。面料是服装的灵魂,品质永远是面料不过时的保障。研发新面料,确实会给企业增加很多成本,包括进口原材料的费用、生产成本及专业机构检测费用等。但这一切都是值得的,因为企业必须走创新的路线。要提供给客户的灵感不仅仅是一年四季创意的收集,还包括延伸到每个月的创意和前瞻性。

二、纺织品的开发

关于纺织品的开发,专家分别从时尚类产品开发、技术(功能)类产品开发和环保类产品开发三个方向为我们做了详尽的介绍。

(一) 时尚类产品开发

首先,对于时尚类产品开发,专家着重强调了"美感"的培养。面料开发完成并不是一件真正的成品,只是为服装设计师服务的。面料是纺织服装产业链的半成品,所以面料企业只有理解服装成衣的特性,抓住最终消费者的消费心理,才能产生真正有效的交流与价值。因为纺织行业是一门实际操作性非常强的专业,而且大多数从事此专业工作的人员均是工科生出身,理性思维及动手能力强,但是艺术细胞较少,对美感的反应不够敏感。所以专家建议在面料开发部门至少引入一位服装设计师,从面料开发企划到面料成品产生,面料设计师都要和服装设计师沟通,这样才能为最终消费群体提供更好的消费体验。

然后,专家介绍了面料研发流程。对于面料研发,首先是信息的整合收集:一是收集服装面料趋势信息,例如根据收集的当季流行颜色、流行面料等信息,进行下一个季度面料研发色系及纤维成分的延伸及预估;二是收集客户信息,根据收集上游服装公司的销售反馈,进行反思总结,为以后的开发工作进行经验的存储;三是确定服装主题,即从服装设计师的角度出发,确定一个面料应用前景主题或一个感性的概念主题,例如专家介绍了"探索"的主题,这也从侧面突出了面料开发企划阶段引入服装设计师的重要性。艺术生考虑问题的思维方式和工科生理性的思维方式是有差别的,将理性与感性有机地结合起来,从而为最终消费者提供最优服务体验。

接下来是确定面料流行点,这是根据服装主题进行的。例如针对每个面料设计方向,并结合服装主题做面料颜色、表面肌理和手感效果等系列品类开发。

最后是产品推广。结合流行趋势手册和产品手册进行概念宣传,还可举办走秀活动等进行宣传,让更多的消费者了解当季面料开发主题。

综上,对于时尚类产品的开发,其关键是要综合流行色趋势的数据化分析、流行面料及款式的信息整合收集,同时关注国际服装奢侈品或著名设计师品牌。

(二) 技术(功能)类产品开发

介绍完时尚类产品开发,专家又介绍了技术(功能)性类产品和环保类产品开发。

对于面料、服装产品的功能性,主要从户外领域探索。关于功能性产品开发要求主要涉及以下四个点:

(1) 要有敏锐的信息获取能力。这与时尚类面料开发类似,但侧重点不一样:对于时尚类面料,主要强调的是美感的要求;而对于功能性面料,更侧重于强调功能性纤维流行趋势或者当前消费者对功能性的需求。

(2) 要有深入了解、快速开发的能力。通过市场调研,并对服务客户需求进行深入了解,能够将概念化需求快速转化成实际面料产品。

(3) 要有发散、创新型思维能力。纺织行业总体上仍属于基础应用型行业,若直接着眼于纺纱、织造及染整生产工艺流程,很难将高科技结合到消费者日常的穿着体验中,并且也难有原创。所以,纺织面料开发工作者要有发散、创新型思维,要学会从相关领域应用转化结合新原料、新助剂、新工艺、新功能入手,开发具有功能性、环保可持续、二次开发的产品。

(4) 要有优秀的市场推广能力。好的产品开发出来后,既需要系统全面的介绍,又要有简短有力的推广,不会给消费者带来视听疲劳,这对面料开发推广能力的考核要求很高。首先是懂面料,了解面料功能开发目的及开发流程,其次是优秀的表达能力。

专家还通过播放视频生动地介绍了几个功能性面料实例。例如产品 37.5 TM,它采用 37.5 TM 技术。该技术是由美国 Cocona 公司研发的一项利用体热蒸发湿气的专利技术,主要应用于功能性面料的开发。37.5 TM 技术能够降低人体微环境中的湿度,提高服装的舒适性,使人体处于一种舒适的状态。采用 37.5 TM 技术制作的调湿控温涤纶与羊毛纤维进行混纺并织制织物,其包含对椰壳粉末进行炭化处理后获得的活性炭颗粒。该活性炭颗粒具有超高的比表面积和很强的吸附性,在高温环境下,能够及时吸收周围环境中的热量和水汽。

由 37.5 TM 涤纶制成的织物与人体接触时,可以吸收人体排出的水分,降低人体温度,使人体感觉凉爽、舒适。另外还有产品旅行西服 Travel Suits,此西服面料具有可机洗、三防、消毒、抗皱可压缩的优良性能。

令同学们印象深刻的是精纺羊毛面料拒水整理,因为对于羊毛类服装,消费者最头疼的就是清洁问题。我们都知道羊毛容易缩水,普通羊毛织物只能送干洗店干洗,不仅费时费力,而且对环境不友好。采用表面化学改性,对织物表面进行氧化刻蚀处理,形成类似荷叶表面的凸凹结构,并通过在粗糙表面修饰高表面能物质,进一步优化拒水效果,开发出超防水精纺面料。该面料具有易打理的特点,产生了较好的经济效益。

(三) 关于环保纺织品

随着社会的发展和人类生活水平的提高,人们越来越注重产品的环保性。环境问题和可持续发展也是全球面临的热点问题。

纺织品环境保护意义在于不仅要实现材料生产和使用对生态环境的影响最小化,还要保证对人类健康无害或产生积极影响,这才是可持续的理念。许多纺织品中存在各种残留化学助剂、染料和重金属等,它们对人体会产生直接伤害。国家为此对我国境内生产和销售的纺织品中的有毒有害物质做了明确规定,这同时也需要企业等相关各方的自觉遵守和配合。

如今有越来越多的服装品牌在推出可持续化产品。例如美国牛仔服制造商 Levi's 很早就开始涉及环保领域,它推出的 Water Less 系列不仅减少了生产过程中的耗水量,间接降低了生产成本,还对回收的塑料瓶和食物托盘等进行了再利用;英国时尚环保创业公司 Worn Again Technologies 自 2012 年开始研发聚合物再循环技术,从旧的或不用的衣物及纺织品中分离提取聚酯纤维和棉纱,并运用分离技术,将回收的聚酯纤维和纤维素化合物制成新面料,提高了废弃物的再利用率,减少了对全新原材料的需求,该技术解决了部分纺织品循环利用的难题。

专家指出,产品开发的环保意识将是未来纺织产品开发的方向之一,大家必须加以足够的重视。

三、纺织工业的未来

在讲座最后,专家谈了对纺织工业未来的看法。

专家表示,影响纺织业未来的因素很多,但主要的因素包括:一是人们的消费更加注重健康,保健型、绿色型纺织品的需求会增加;第二是新技术带来的消费变革,线上购物、移动支付、共享经济是纺织业应当融入的新血液;第三是智能化无人工厂的发展和服装产品虚拟展示及交互。

对于纺织业的未来发展前景,专家提到,中国将加速进入"第四消费时代",其中显现出来的是,经济水平的大幅度提高及新技术带来的消费变革,将导致国民消费意识的普遍觉醒。人们的消费重点发生转移,尤其是对服装类产品的需求,从最初始的保暖要求,到美感凸显个性化要求,最终发展到更加关注健康、功能类舒适性的要求,并且,购物追求线上化,本土消费增加,导致本土品牌崛起。

随着全球经济发展和需求结构的巨大变化,以创意创新和个性消费为主要特征的时尚产业已成为引领城市经济发展、塑造城市品牌的"新引擎"和"风向标"。文化引领的时尚产业已成为中国纺织工业的新定位之一。纺织服装是文化的载体,也是时尚的表达。纺织产业时尚化是世界各大时尚之都的成功经验,是产业高质量发展的必然趋势。在纺织装备制造领域的领先优势与技术在工业自动化领域的优势结合在一起,重点围绕纺织装备的自动化、数字化、智能化等多维领域应用开展深入合作,提升纺织装备制造水平,推动国内外纺织产业的转型升级,为纺织企业打造节能环保、数字化、智能化的生产车间打下基础。同时,依托智能制造、边缘计算、物联网、大数据分析等工业软件平台,实现设备与设备、设备与物流、设备与环境、设备与系统的互联互通。

近年来,随着装备智能化的不断升级,传统的纺织行业装备正在由机械式向自动化智能化方向发展,不断满足企业降本增效、品质高、能耗低、工人劳动强度低,以及小批量、多品种、多频次的柔性化生产需求。率先推进技术创新改革,在数字化棉纺车间、高速高产化纤装备、节能环保染整装备等自动化工艺集成装备领域推陈出新,引领纺织市场工业自动化发展。

人类发展到今天,能穿上衣服已经不是重点,重点是想要穿上高品质的生态环保的高档服装。以我国目前老百姓穿着的消费习惯来看,夏天要穿凉爽透汗的,冬天要穿轻薄而又保暖的,不再臃肿不堪,而且要无公害,能保养身体。人们对着装的要求已提升到另一个高度,既要时尚美观又要品质品位。工业社会给人类的需求打开了更高的欲望缺口,对生态的巨大破坏则激发了人类对健康的热切追求。因此,对于服装面料发展的展望,高性能的制服面料是基础,环保又是一切制服面料的前提。同时,由于人们消费观念的提高,品质消费、健康穿着在经济腾飞的中国已经成为主流。所以,高性能和环保是制服面料未来研发的重点。

从新需求挖掘新产品,对于后续市场将何去何从,有业内专业人士表示提升标准化是近十年来整个服装行业的升级重点。但接下来,很可能会转到功能性产品开发上。即使没有这次的新冠疫情,一些功能性的面料在市场销售规模上也呈现出上升的趋势。随着生活水平的提高,大家对面料的功能性提出了更高的要求,比如轻薄保暖、快速干燥等。在这次疫情的大环境下,一些功能将被挖掘出来去做更多的应用。2020年整体经济发展步伐放缓,面对这样的市场需求变化,数码印花凭借其绿色、定制化等优点,发展优势越发明显。今年数码印花的业务逆势上扬,面料企业都很看好这一业务后续的发展前景。

市场不会总在低谷徘徊。据麦肯锡调查报告显示,与疫情之前相比,今年疫情的发生反而导致部分订单回流到中国。根据疫情之前的调查,未来五年没有采购商计划增加从中国的采购量,而现在有13%的采购主管预计来自中国的份额会增加,即疫情减缓了将采购数量转移出中国的趋势。对于市场后续的走势,多位面料、服装企业负责人表示,随着促进消费等相关政策措施的陆续出台、我国经济持续向好、消费力稳步回升,销售正在好转。疫情的影响只是暂时的,我们要对纺织市场依然充满信心。

关于纺织行业的未来,专家进一步总结和归纳了三大引起变革的因素和三大特质。

首先是未来可能会引起纺织业变革的三大因素:

(1)随着经济水平的大幅提升,国人对高附加值产品的接受度越来越高。2017年,中国已经成为全球最大的奢侈品消费国。

(2)新四大发明——网购、移动支付、高铁、共享经济等新技术的出现,正带来不同于以往消费行为与需求的消费变革。

(3)国人的消费意识正在觉醒,全球化带来的产品让中国人对时尚更有心得。同时,因为质量与美感的提升和本土消费的增加,国货崛起也成为近年的一个重要趋势。

依据上面总结的三大趋势,专家提出了纺织行业的三大特质:

(1) 纺织行业是一个应用型产业,跨学科知识很重要。

(2) 纺织行业是一个传递美、注重美的行业,颜值即革命。

(3) 纺织行业是智能科技的优质载体,为智能科技提供了前所未有的、新型的加工和承载方式。

以上所述的这些趋势和特质,其实和前面提到的纺织业目前存在的问题相吻合,两相比较,纺织行业未来的道路清晰地展现在眼前。变革正在发生,传统的纺织行业正在向更高质量、智能化的方向高歌猛进,同时在追求品牌化、时尚化、个性化,争取更多的时尚话语权和利润空间。随着国人消费观念和水平的提高,纺织业提供的产品和服务正在不断升级。

第三节　专家与学生互动及专家谈工作体会

在提问环节,俞老师针对求职这个话题再次提到薪资的问题,他建议同学们从个人的发展规划做出求职的取舍。专家认为人是在工作即付出劳动的过程中实现自己的人生价值的。在任何一个行业中,一个人就是一枚螺丝钉,起着自己的作用,在那个位置上发光发热,就足够了。每个行业、每个职位都有其优劣,但绝无高低贵贱之分。也没有哪个行业需要我们判断它是否值得我们去做。一个行业是否值得做,取决于每个人对这个行业的自身判断,但探索总结拟选择行业的现状和未来发展趋势是十分必要的。若你能在其中看到自己的作用,并能从中获得成就感,那就是值得你做的。至于金钱、地位等,都是外界因素,该有的终会有。我们要用发展的、长远的眼光,从成长的角度判断未来。薪资是企业或者市场对每个人的水平、资历和价值的判定。当同学们拥有足够的积累时,自然就有了议价底气,对最初的薪资不必看得过重。

关于生活、工作、人际交往的大大小小的道理,同学们看过、听过不少,但学习和运用的结合,需要大家自己实践和体验。哈佛幸福学中提到,前人的经验能够给后人提供重要的借鉴意义。

在聆听了专家的讲座后,同学们对今后的未知与挑战充满期待。无论今后是在纺织行业扎根,还是在机缘巧合之下进入其他领域,大家都应该在那里发光发热,发挥每个人的作用,实现自己的人生价值。

第四节 部分学生心得与感受

蒋依志：听了俞总的讲座之后，我对于纺织行业的发展有了全新的认识。这次讲座让我增加了很多关于纺织行业的专业性知识，我也切实感受到了一个新纺织人将来所发展的途径，为自己今后参加工作积累了可借鉴的经验和参考样板。同时，我也较深入地了解了一个纺织企业是如何运作及发展的。这些都是我在书本上不能了解到的知识。在几次讲座上，尽管各位老总所在企业的经营方向不尽相同，但他们都在强调一个词，那就是"创新"。很多人认为纺织行业是一个"夕阳"产业。但是，通过这些讲座，我明白了一个道理："没有夕阳的产业，只有夕阳的技术。"如今纺织行业的发展需要创新型的人才，创新是纺织行业向前发展的通行证，是纺织行业赖以生存的灵魂，是纺织行业不断前行的不竭动力和源泉。我们每一个纺织人都要有创新的意识，努力实干，这样，纺织行业才能继续向前蓬勃发展。

曹竹燕：在最开始看见这门课程的时候，我还不能十分理解这门课开设的目的，我觉得这门课是不是有些鸡肋？但听了这几场我认为十分成功的讲座之后，我能理解老师开设这堂课的目的了。

听了这几场讲座，我们能从一个完全不同的角度——企业工作者（特别是一些成功人士）了解纺织专业，浅浅地窥探我们毕业后将面临的工作环境。例如从本场讲座中，我更加深刻地认识到创新意识、品牌影响、创意文化、新技术革命、创造力等现代企业要素正在影响纺织行业的发展轨迹，我对纺织业的了解也加深了一步；我从俞工对自己经历的介绍中，也少许了解了我今后有可能要走的道路，以及会面临怎样的问题。

最后，我想说，十分感谢能来为我们做讲座的各位前辈，以及时刻考虑着我们将来能否成才的老师们。前辈们的经验能带给我们许多切合实际又十分具有指导意义的感悟。

王艺臻：这次讲座包含了宏观概念、产业分析、产品开发、产品推广等多角度、多维度的知识内容，让我对纺织产业的整体概况有了基本了解，并且让我的很多看法有了变化。纺织产业不再是我们传统印象中的低技术、低水平产业，而是作为国民经济的支柱产业，而且正在随着科技进步、时代进步蓬勃发展。随着中国经济水平的提升、国际地位的提高，人们的消费能力上升，消费领域不断扩大；"网购、移动支付、共享经济、高铁"这四大新技术促进了更加便捷的快消费时代的到来；在基础生活需求得到满足后，人们的消费意识逐渐走向了健康可持续、个性化的道路。在消费升级的大背景下，纺织产品作为民生产品，迎来了发展机遇，也受到了挑战；纺织企业应当摆脱以往无特点、定位模糊的同质化产品，更加注重创新、个性需求，灵活利用新兴技术对产品进行再创造升级；迎合消费趋势，抓住消费痛点，推出更有针对性、更被大众认可的优质产品。

对于我们这些接受纺织知识教育的学生来说,应当正确认识纺织产业发展的大好形势,除了课堂知识以外,要多接触实际生产,将理论与实践结合,做更适应企业的高端人才,助力中国纺织产业的未来发展。

吴俊霖: 纺织行业需要沉下心去做,沉到行业的每一个地方去。在现在这个讲究快速、内心浮躁、人们走路匆匆、吃饭靠塞的时代,这是一件比较困难的事情。尤其是在改革开放后经济快速发展的时期,人们都想着怎么快速致富,怎样躺着赚钱,也就更加难以做到下沉。

然而,改革开放后经济飞速发展的时期已经成为过去,现在很难再有那样的机会。但人们的思想并没有转变过来,这就形成了一种矛盾:社会可以给年轻人提供财富和地位,但你需要努力和等待;而年轻人不想等待,他们也想像父辈那样,快速地获得这些东西。于是,没有人愿意静下心来,人们都投入到那些看起来光鲜、体面,能快速挣钱的行业。这个时代的年轻人缺少耐性,所以纺织行业的老龄化与人才短缺问题越来越严重。

所以进入纺织行业,需要有足够的耐心,真正地沉下心去,到行业的深处积累经验,然后再浮上来看看客户的需求及时尚的风向。这是一项非常费时间并且需要对美有敏感度的事业。希望我们能符合要求。一切都需要慢慢培养,急不来。

高倍倍: 纺织行业是一个应用型行业,跨学科知识很重要。同时,它也是一个传递美、注重美的行业,颜值即革命。它还是智能科技的优质载体,为智能科技提供了前所未有的加工方式和承载方式。但是,在社会快速发展的趋势下,纺织业也面临着一些发展困境。

企业只有创新才能走得更远。纺织企业也需要进行创新,需要不断进行可持续发展面料的创新,不断进行智能化面料的创新。创新是企业长久走下去的奥秘所在。

作为当代纺织专业研究生,我深知自己背负着创新和发展纺织行业的使命。想要完成这一光荣而又艰巨的使命,我们需要有极强的专业素养,在具备基本专业理论知识的前提下,学会将理论与实践结合,成长为纺织应用型人才,更好地为纺织行业服务。

马莉: 此次讲座让我更加清晰地认识到纺织行业的实际需求。我是否能达到这些需求?我对此进行了深刻的反思。这让我明白,纺织行业是一个应用型行业,跨学科知识很重要,我们要不断学习新的多学科知识,让自己成为新时代的复合型人才。

同时,纺织行业也是一个传递美、注重美的行业,颜值即革命,那我们就需要不断提升审美能力。

最后,纺织行业是智能科技的优质载体,它为智能科技提供了前所未有的加工方式和承载方式。纺织行业是实体制造业,自己需要不断打磨、不断精进,才能更好地在纺织企业立足。

王东: 我认为我们纺织行业的从业人员要想办法提升产品的附加价值。学长也给我们讲到一个概念,那就是打造品牌面料。服装产业和纺织产业本来是两个如胶似漆的产业,那为什么诸如安踏、优衣库这样的服装公司每年有巨大的盈利额,而面料生产商的盈利额却很低,其中重要的差别就是服装已经形成品牌化,附加价值很高。面料厂商却没有打造出面料品牌,因此附加价值比较低。所以当前环境下,纺织从业人员必须想尽办法提升面料的附加价值,这样才能获得更大的收益。同时,学长也提到现在的纺织行业缺乏市场定位,好多厂商会同时做同一款产品,这就导致同行业之间的同质化竞争。当竞争逐渐加剧的时候,就会产生价格竞争,如此发展,好多厂商就会因为赚不到钱而破产。这对于纺织行业的长久发展是十分不利的。由此,我认为纺织企业必须找准市场定位,这是一个特别重要的前提。

另外,学长工作十年又回来攻读博士的经历非常触动我。这种终身学习的观念给我们树立了很好的榜样。因此,活到老学到老是我从学长身上学到的最宝贵的精神,同时也启发了我。我们在学习的过程中一定要树立这种观念,保持终身学习的态度,不断增加自己的知识储备量,拓宽自己的知识面。

目前,我们纺织行业十分缺乏专业型人才,因此技术更新换代的速度很慢,很多产品的基本工艺问题迟迟得不到解决,产品产量和质量提不上去,这大大地影响了纺织行业的发展。而我们作为新时代纺织行业的后备军、纺织专业的研究生、未来纺织行业的高层次人才,一定要脚踏实地,勤奋学习,将来学有所成之后,深深扎根于纺织这个关乎民生的行业。从基础做起,着力于解决生产中出现的实际问题,为我们纺织行业提升行业竞争力做出自己应有的贡献。

贺晓龙:"时间是最高门槛的竞争力",这是解决纺织业低端产品竞争加剧的方法。我觉得这也是提高自身竞争力的核心。通往成功的道路没有捷径,只有在对的方向上下功夫才靠谱。对于企业来说,要有自己的核心技术,才能保证自己不被取代。在对核心技术的研发上,没有秘诀,只有用时间去磨。对同样的技术,我起步得早,研究的时间长,那我就领先你一步。要想追上我,你就要花同样的时间。对我们来说,也要用时间来提高自身的竞争力,保证自己不被时代淘汰。

通过聆听俞学长的讲座,我还明白了一点,纺织业的未来一定要朝着品牌化方向发展,将面料做成像奢侈品那样的产品,使之具备更大的附加值。当然,这里说的是高档面料。一个LV包,它的原料成本可能只有几百元,但是打上了"LV"的标志,它就能卖到几万元的价格。这就是纺织面料的未来。

那么,我们应该怎么办呢?因为要达到这样的目标是非常不容易的,所以需要我们这样的专业纺织人士研究出别人无法复制的生产技术或者设计出独一无二的产品,这是核心。我们应该学好专业知识,把理论基础搞扎实,为之后进入企业搞研究、开发打下坚实的基础。

此次讲座还使我认识到了一个全新的纺织行业：它是一个应用型行业，需要跨学科的知识；它是一个传递美、注重美的行业，颜值即革命；它是智能科技的优质载体，为智能科技提供了前所未有的加工方式和承载方式。

乔阳：从本科到研究生，我对于纺织行业曾有过怀疑，这是否是一个有前景的行业？通过深入了解与接触，我慢慢地有了自己的答案。

纺织行业是一个应用型行业，跨学科知识很重要；纺织行业是一个传递美、关注美的行业，颜值即革命；纺织行业是智能科技的优质载体，为智能科技提供了前所未有的加工方式和承载方式。中国纺织业向高端制造业转型是必然趋势。身为纺织行业的一员，决不能将自己的眼界局限起来。无论是现在还是工作之后，都要有终身学习的意识。我们首先要正确看待纺织行业，才可能扭转别人对纺织行业不看好的想法。

郑淑月：我认为一个优秀的工程师不是从学校实验室培养出来的，而是在工厂的每一个车间、每一道工序中百炼成钢锤炼出来的。优秀的工程师一定要"接地气"，这样才能更好地解决遇到的实际问题。

导师曾对我们说过，他对来学校招工的企业人员说："东华大学的目标是培养出纺织行业的领军人才，而不是普通人才。领军人才必定会锐意进取，会力求改革发展。如果招工单位不接受这样的学生，那请不要来东华大学招人。"我既然坚定地选择纺织专业进行深入学习，就希望能为这个行业的发展做出一些贡献。希望我在之后的学习、实习中能静心钻研，不忘初心，拼搏进取。

高娣：正如俞经理报告中所提到的未来纺织业的发展，我们要有发散创新型思维能力。那我们如何培养这种能力呢？我总结了以下几点：

（1）多向成功人士请教。

（2）走出去，开阔视野。

（3）多学习，提高素质。

（4）多实践，锻炼能力。

另外，如何培养我个人在纺织企业的战略眼光呢？我给出以下几点思考：

（1）首先在观念上，需要摒弃传统业务理念，重塑企业技术新文化。

（2）其次在企业定位上，需要明确设计主导地位，深入拓展行业价值链。

第五节 小 结

战略谋划是企业的灵魂，战略管理关乎企业的发展方向，是企业管理的核心内容。面对世界经济一体化进程的加快，纺织企业要想在激烈的市场竞争中处于产业链的最高端，必须在战略创新方面下功夫。尤其是对于大型的纺织企业集团，企业战略应该放眼于全球，并以实现企业核心竞争力的可持续发展为核心。

通过聆听学术报告及撰写报告体会，同学们深入地了解了目前纺织行业的运行情况，了解了企业科技创新的思维与角度，并查阅了相关领域前沿的研究动态，凝练了已学的专业基础知识，为未来的专业课学习及研究方向积累了联系生产实际的素材，也为今后从事纺织相关的工作奠定了坚实基础，更加明确并清晰了自己未来的职业规划，以及在未来职位上所要具备的能力。

通过邀请优秀的企业人员为同学们讲解纺织业前沿的知识，以及他们个人对纺织行业的见解，其知识及思想上的碰撞会让同学们在未来学习和工作中受益匪浅，会对他们今后的人生产生深刻的影响。

第3章　山东如意成长历程（案例三）

（讲座时间：2019.10）

第一节　公司概况

一、公司行业地位

（一）如意集团公司简介

山东如意科技集团有限公司（简称"山东如意"）的前身为始建于1972年的山东济宁毛纺织厂，拥有20个全资和控股子公司，现已成为全球知名的创新型技术纺织企业，拥有数百项专利技术和创新成果，拥有中国国内A股和日本东京主板两个上市公司。

目前山东如意的综合竞争力居中国纺织服装企业500强前五名，旗下"如意毛纺"居中国毛纺织行业效益十佳企业榜首，"如意服装"居中国服装行业竞争力前八强，"如意印染"居中国印染行业前三强，"如意棉纺"居中国棉纺织行业前十强。

山东如意2019年生产精纺呢绒2 000万米，服装100万套，棉纱15万吨，宽幅布1亿米，棉印染布3亿米，针织内衣3 000万件，牛仔布2 000万米，家纺产品1 000万套，高性能氨纶纤维3 500吨。2007年12月，其毛纺产业的"山东如意"股票成功上市。

山东如意拥有国内规模最大的毛纺服装产业链和棉纺印染产业链，其产品品质、技术含量、出口单价均居国内生产企业前列。山东如意拥有进出口自主权、国家级企业技术中心和博士后工作站，先后通过ISO 9001、ISO 14001和CSC 9000T认证。"如意"商标是中国驰名商标。产品先后获"中国名牌"和商务部"重点培育和发展的出口名牌"称号。2009年，如意毛纺首家获世界第一视觉博览会法国PV展会参展资格，为中国纺织面料企业赢得了全球纺织面料流行趋势发布权。2010年，如意纺（高效短流程嵌入式复合纺纱技术）荣获国家科技进步奖一等奖，国家领导人亲自颁发证书，并给予充分肯定，是新中国成立70年来中国纺织界纺纱技术领域获得的最高奖项。2010年7月29日，山东如意成功收购日本主板上市百年企业瑞纳公司，成为国内首家收购日本主板上市公司的中国企业。2011年,山东如意入选首批"国家技术创新示范企业"。2016年12月11日,山东如意获得第四届中国工业大奖。2019年9月,山东如意入选工业和信息化部绿色工厂名单。

(二)纺织业发展情况

专家在课堂上主要讲述了纺织业发展情况,包括过去、现状及未来趋势等,再结合自己的经历,与同学们交流了在工作实践中积累的经验及感悟。纺织业发展现状包括纺织的原料应用现状、设备发展现状、技术发展现状等。

我国的纺织行业属于发展较早的行业,它所带来的上下游产业包括纤维、纱线、织物、染色、后整理等,其整个产业链的发展带动了社会就业。我国纺织业通过几十年的改革开放的发展,虽然取得了一点进步,并且形成了一定的优势,但依然存在不少问题。我国是纺织行业大国,但目前还不是纺织强国,包括原料、技术、设备等在内的很多方面,都还落后于国际一流水平。例如,我国的纺纱设备还比较落后,还有服装产品等,虽然很多由中国代工,但是服装的核心技术仍属于国外专利技术,掌握在外国人手里。我国的产业模式相比于国外也存在很多缺陷。国内主要追求产业链完整,一家公司同时拥有纺纱、织造、印染、销售等多条产业链,而国外更多的是追求各个环节的质量,将自己所做的那个部分做精、做好。纺织产业是与人类生活息息相关的朝阳产业,是与时尚密不可分的美丽产业,是与技术不断进步的永续产业。

纺织行业的发展是趋向于智能化的,从原来一个纺织厂需要大量的人工,到现在基本实现了无人工厂。例如,智能化的纺纱工厂解决了从原料到筒纱,从工厂环境辅助设备的控制到主机设备的性能体现及维修维护,从车间的原料管理、生产设备、生产管理、设备管理、技术管理的数字化、智能化。

(三)公司规模

公司目前(2019年)注册资本为2.6亿元,总资产73亿元,拥有全资子公司2个(新疆嘉和毛纺织有限公司、泰安如意科技时尚产业有限公司)、控股子公司1个(温州庄吉服饰有限公司),旗下员工数量超过38 000。

二、公司经营管理模式

公司建立了完善的质量管理体系和环境管理体系,于1996年通过ISO 9001质量管理体系认证,2002年通过ISO 14001环境管理体系认证。公司坚持"高端定位、精品战略",把产品质量标准定位在国际一流水平,生产过程中采用世界上最严格的标准(如IWS、JIS、AATCC、AST、KS及ISO等标准),产品质量得到客户的高度认可,世界著名奢侈品品牌如ARMANI、ZEGNIA、BOSS等,都将公司定为其面料生产基地,占据了全球市场的高端。

公司十分注重企业社会责任建设。2006年,作为行业内的领先企业,公司被推荐为中国纺织工业协会中国纺织企业社会责任管理体系(CSC 9000T)全国首批十家试点企业之一,建立完善企业的社会责任管理体系,加强员工权益保护,强化与各利益相关方沟通,肩负保护环境和节能减排责任,以生产经营促进社会发展,取得了良好的社会责任绩效。2006年12月成为首批CSC 900T执行企业,是中国纺织企业自律和可持续发展的代表。

山东如意是一个实实在在做技术的纺织企业。在山东如意身上,可以看到什么是真正的"工匠精神"。在2002年"赛络菲尔纺纱技术及系列产品"获国家科技奖进步二等奖之后,历经7年的艰辛研究,毛纺技术成果"如意纺"于2010年荣获国家科技进步奖一等奖。这项技术通俗的表述就是,"如意纺"可以把1克重的常见纤维拉长到500米。它打破了毛纺、棉纺双项世界纪录。利用这项技术,可以用小羊驼绒纤维纺制出薄如蝉翼、触感丝滑的羊绒面料,它是世界上最贵的面料之一,其售价每平方米68 000元。

山东如意凭借"如意纺"技术的发明,多个产品实现了中国原创、世界第一。创建于1973年的法国"第一视觉"(PV)展会,是以数百家欧洲纺织实体作为强大后盾的国际顶级纺织面料博览会,也是全球公认的最具权威的面料流行趋势发布平台。2009年2月,PV展会对首次申请参展的全球50家企业进行评估,最终有24家获得参展资格,其中只有山东如意是来自欧洲之外国家的企业。长期以来,中国纺织企业一直未能登上国际顶尖面料交易平台的局面被山东如意打破,这是山东如意在国际纺织舞台上傲人的一笔,让世界知道了中国不仅是纺织大国,而且正在向纺织强国进军。

在掌握小羊驼绒加工、织造、面料生产的全套工艺流程后,山东如意创建了自主品牌"皇家如意",主打高端市场,所用就是每平方米68 000元的面料。

"如意纺"技术现在已更新到第五代,年生产高端面料2万平方米,山东如意成为LV、迪奥等国际知名品牌的面料供应商,面料供应覆盖110个国家和地区的6 000个品牌门店。在2018年全球奢侈品集团100强中,山东如意上升至第16位。近4年(2016—2019年),山东如意的发展战略规划围绕科技化、高端化、品牌化、国际化,实现了健康发展;围绕"互联网+",实现了全产业链智能制造,在国内和世界上一些地区建成了智能纺织工厂。

同时,因关税政策变化,国际品牌的纺织品购买渠道便捷许多,在中国人对国际品牌的消费欲望愈发热烈的大市场环境下,本土企业生存空间被挤压,倒逼国内企业提高产品竞争力。山东如意面对这种困境,采用收购的国际品牌快速、准确地对自身时尚业务补缺,提升集团的国际化程度,以增强竞争力。瑞士品牌Bally、日本品牌Renown、德国品牌Peine Gruppe、法国轻奢集团SNCP旗下品牌(Maje、Sandro和Claudie Pierlot)、英国品牌Aquascutum、美国品牌LYCRA都被山东如意并购。

山东如意拥有国际化的资源整合能力，目前已经实现全面的国际化，包括资产、资本、资金的国际化，人才的国际化，经营的国际化，市场的国际化，设计的国际化，以及品牌的国际化。在产品和用户方面，实现了高端化，在棉纺和毛纺两个领域形成了完整的产业链，从原料的种植到纱线、面料，再到终端的品牌零售网络。

在生产智能化方面，从设计到生产、营销，实现了全流程的智能化。在"如意纺"高端面料生产基地，已建成大数据智慧生产管理系统，实现了纺织设备的 24 小时在线监控与管理，大幅提高了产量、效率，降低了故障。多组分色纺、毛巾产业、数码科技、衬衣面料、智能服装制造工厂等，都实现了智能生产管控，建成了自动全成型无缝针织衫及袜子生产线。

在技术产业化方面，建设完善了创新体系。山东如意拥有国家纺纱工程技术研究中心、国家级企业技术中心及国家级工业设计中心，先后建成了 18 个研究室和工作室，从事专业研究；建成了科技艺术中心，开展产学研合作，从事技术创新、设计创新，联合研究产业成果转化及平台运营和人才培养，并在这些实验基地建设了智能制造平台；在国际四大时尚之都建立了创意设计中心，从事创意聚集研究及人才培养。

在跨界融合方面，通过信息技术与传统制造业的跨界融合，实现了从原料到纱线、到面料、到服装智能穿戴设备的全套解决方案。在医疗健康智能恒温、3D 打印、AI 技术方面，都走在了行业的技术前列。

在品牌高端化方面，山东如意拥有庞大的品牌集群，主要集中在四大板块。第一个板块是从日本收购的 Renown 旗下的 20 多个品牌的其中一部分；第二个板块是收购的法国 SNCP 旗下的 4 个品牌；第三个板块是收购的其他品牌，如瑞士品牌 Bally；第四个板块是近期收购的香港上市公司旗下的主要品牌。

"如意在德，则德行天下，德成大器，则天下如意"。《中国制造 2025》的宏大计划提出了用三个十年实现由制造业大国向制造业强国转变的战略目标，为纺织行业的发展奠定了创造"互联网＋"纺织，建成具备科技和品牌领先实力，产业结构不断优化的纺织行业发展方向。公司将继续抓住国民经济持续快速增长所带来的发展机遇，全面推进科技创新和品牌建设，依靠科技进步，努力提高自主创新能力，做中国纺织服装相关产业的领先者，打造国际一流的时尚产业集团。

第二节　授课专家概况

本次讲座邀请到了一位身份特殊的老师，他是纺织学院的在读博士生，也是在山东如意工作多年的企业高管——陈超。

陈超大学毕业后被分配到山东如意的车间工作,每天和各种油漆漆的机器打交道。时间长了,他开始沮丧,对前途感到迷茫。工作之余,他对着在车间和自己一起工作的领导、工人说出了自己的困惑。领导和工人们都安慰他,让他多坚持一段时间,再做做试试,实在不行,再跳槽。他从一个车间工人做起,与纺织机械、油污、一线工人长期接触。这期间枯燥的工作让他一度自我怀疑,徘徊着是否继续从事纺织行业。在车间工作两年后,他被提拔到技术部,开始从事技术、产品开发的工作。样品分析是一个很关键的工作,他需要分析样布的原材料、组织结构等,企业需要通过技术部门的分析样单才能做出买家想要的面料。技术、产品开发工作的环境、待遇虽然比车间好,但面临的压力也是巨大的。对于客户要求的产品,要做到让他们满意,各个环节都要花大量时间。因为时间有限,每天忙碌,早出晚归,他在技术部度过了充实的三年,也从开始的心慌转到了心定,告诉自己好好在企业工作,不要有什么顾虑。后来,他开始转到市场部,做调研工作,在这条路上继续坚定地走着,他的心态变得更加专注。再到后来,他出任新疆那边公司的厂长,还去了英国等国家学习考察。到现在,他发现有些东西还要继续学习,凭借自己工作的这种坚定精神,以及工作这么多年积累的对行业的看法与感悟,他选择继续进入大学。经过努力,考上东华大学进行工程博士的学习。边学习边实践,不断充实自己。

陈超通过在山东如意的工作,与公司共同成长,并不断自我完善与发展。

陈超从自己的成长经历总结出:每个大学生、研究生都能通过自己的不断努力,发挥自己的价值,终身学习,经历"心慌""心定""心专"三个过程,最终为社会创造财富,实现自我价值。

第三节 授课内容介绍及评述

陈超主要从三方面给同学们做分享,首先是纺织发展情况,其次是他所在公司即山东如意的介绍,最后是自身工作实践的经验传授。

一、纺织发展概况

关于纺织的发展情况,陈超分别从历史、现状及趋势三个方面进行阐述。在过去的半个世纪里,纺织业在中国既是传统产业,也是优势产业,为国民经济做出了巨大的贡献。纺织业之所以能成为中国经济的大块头之一,是和纺织业在中国悠久的历史是分不开的。

中国是世界上最早生产纺织品的国家之一。早在原始社会,人们已经采集野生的葛、麻、蚕丝等,并且利用猎获的鸟兽毛羽,通过搓、绩、编、织,制成粗陋的衣服,以取代蔽体的草叶和兽皮。原始社会后期，随着农牧业的发展，人类逐步学会了种麻索缕、养羊取毛和育蚕抽丝等人工生产纺织原料的方法，并且利用了较多的工具。有的工具已发展成为由若干零件组成，有的则是一个零件有几种用途，使劳动生产率有了较大的提高。那时的纺织品已出现花纹，并施以色彩。但是，所有的工具都要由人手赋予动作，因此被称作原始手工纺织。

夏代以后直到春秋战国时期，纺织生产无论在数量上还是在质量上都有很大的发展。原料培育质量进一步提高；纺织组合工具经过长期改进演变成原始的缫车、纺车、织机等手工纺织机器，劳动生产率得到大幅提高。有一部分纺织品生产者逐渐专业化，因此，手艺日益精湛，缫、纺、织、染工艺逐步配套。纺织品大量成为交易物品，有时甚至成为交换的媒介，起货币的作用。产品规格也逐步有了从粗陋到细致的标准。商、周两代，丝织技术突出发展，到春秋战国，丝织物已经十分精美。多样化的织纹加上丰富的色彩，使丝织物成为远近闻名的高贵衣料。这是手工机器纺织从萌芽到形成的初级阶段。

秦汉到清末，蚕丝一直作为中国的特产闻名于世。大宗纺织原料几经更迭，从汉到唐，原来的葛逐步为麻所取代；宋至明，麻又为棉所取代。在这个时期，手工纺织机器逐步发展提高，出现了多种形式。元、明两代，棉纺织技术发展迅速，人民日常衣着由麻布逐步改用棉布。

明清纺织品以江南三织造（江宁、苏州、杭州）生产的贡品技艺最高，其中各种花纹图案的妆花纱、妆花罗、妆花锦、妆花缎等富有特色。富于民族传统特色的蜀锦、宋锦、织金锦和妆花锦（云锦）合称为"四大名锦"。

18世纪后半叶，西欧在手工纺织的基础上发展了动力机器纺织，逐步形成了集体化大生产的纺织工厂体系，并且推广到了其他行业，使社会生产力有了很大的提高。西欧国家把机器生产的"洋纱""洋布"大量倾销到中国，猛烈地冲击了中国手工纺织业。中国在鸦片战争失败后，从1870年开始引进欧洲纺织技术，开办近代大型纺织工厂，从此形成了少数大城市集中性纺织大生产和广大农村中分散性手工机器纺织生产长期并存的局面。

近代纺织工业起源于英国，随后向美、欧转移。20世纪五六十年代，日本成为当时主要的纺织品生产国；七十年代，纺织业重心转移到韩国、新加坡等东南亚国家。从20世纪八十年代开始，由于劳动力成本低、供应充足、上下游发展均衡等原因，我国及东南亚地区的纺织工业开始迅速发展。特别是进入20世纪90年代以后，欧、美等发达国家由于产业结构调整、劳动力成本负荷不断加大等原因，已经基本停止大规模的棉纺工业生产，这进一步促进了我国及东南亚地区纺织工业的发展。进入21世纪，世界纺织行业的发展趋势呈现出以下明显特点：

（1）纺织工业地区结构变化差异。世界纺织工业的资本、技术、信息等生产要素的跨国流动始终围绕着劳动力资源、产业上下游布局等比较优势进行。世界纺织工业重心的转移必然引发世界范围内纺织区域结构的重大变革。欧、美、日等发达国家为降低人工成本,发展高新技术纺织设备,部分产能向第三世界转移。

(2) 技术创新与信息化应用不断加速。纺织工业呈现出高速度、高自动化、高产量、高质量及新技术不断涌现的"四高一新"局面。20世纪90年代以来,发达国家、新兴工业化国家的服装工业转向以高新技术为主导的高附加值的服装业发展。

(3) 全球纺织品服装贸易迅速增长,在国际商品贸易中占有重要的位置,发展中国家和发达国家的产业链依存度不断提高。

(4) 纺织产品结构性特点突出。低档纺织品产能过剩,供大于求,而高档产品供应不足的趋势依然延续。发展中国家的纺织工业依靠其低廉的资源和劳动力优势,在低端纺织品市场形成了较强的竞争能力;美、欧等发达国家凭借技术、品牌、高端市场消费能力等优势,占据纺织服装价值链的高端,具有突出的竞争优势。

1950年以后,我国分别在纺织工业布局的改善、天然纤维品种的改良、纺织机械制造业的形成、纺织机器的革新、科学管理的逐步推行、新型纺织技术的开发研究、纺织专门人才的培养等方面,对纺织业进行大力发展。随着改革开放和加入WTO以来,中国已成为全球纺织领域中最引人注目的国家之一。同时,纺织产业也是中国入世后的强势出口产业。

在未来几年内,我国纺织工业总产值增长率将继续保持在6.3%以上。据专家预测,今后几年世界纺织品服装贸易额年均增长将超过3%,这为我国纺织品出口带来更多的机遇。配额取消后,中国纺织品服装贸易总额估计可达1 500亿~2 000亿美元,约占全球纺织品服装贸易总额的50%。随着中国加入世界贸易组织,中国在国际市场上的商品份额不断扩大,美、日、欧等发达国家正发起或酝酿对我国采取新的限制措施,一些发展中国家与我国的贸易摩擦也进一步加剧,纺织行业扩大出口面临着严峻挑战。但同时,挑战也是机遇。

二、目前国际纺织局势

接着,专家分析了中国如今的纺织行业国际局势。专家说到现在的中国纺织到了发展瓶颈期,上有日本、意大利、英国等产品质量比我们好的国家,下有生产成本比我们低的国家,例如印度等东南亚地区国家。因此,这样的局面很不利于中国纺织行业的发展。

目前,世界排名前20位的著名纺织企业中,美国有7家,日本有6家,英国有2家,法国、比利时、意大利、瑞典和韩国各1家,几乎都是发达国家企业。中国的纺织企业也有比较大的,但还不够强。即使众多生产力强的企业,但还没有挤进世界排名前20的企业,这其中最主要的原因还是缺乏技术的创新改造、产品的质量保证等。

我们现在普遍认为英国、意大利这些纺织强国衰落了。比如被称为"英国工业的起点"的英国纺织工业，如今已不再是当年垄断世界的唯一大工业。当19世纪下半叶英国工业雄踞世界首位时，纺织工业是其主要支柱产业，而目前，它已退居资本主义世界的第五位。在国内，它也不再能以"英国人的面包全靠兰开夏的棉纱"自豪。意大利也如此，其纺织行业正面临严峻的形势，出口数量大幅下降。但目前纺织行业的奢侈品牌仍然会选择与英国或意大利的企业合作，因为其产品质量和单价能够保持在较高水平。

英国的纺织小镇由一开始的家家户户做纺织，到现在的只剩5家企业。这个例子在一定程度上证实了英国纺织行业的衰落，但不可忽视的是，就算只剩这5家企业，他们也仍然有很多著名品牌与之合作，这主要的原因是注重技术创新、品牌建设。即使他们属于小规模企业，但只要重视一个生产设计环节的创新改造，就不可能被他人轻易取代。相反的，中国有很多规模较大的企业，但其在国际市场上的竞争力远没有英国、意大利的小企业强。其中缘由除了品牌影响力、国家纺织地位不同，还有很多中国企业为了节约成本不注重材料的选择。这也是中国纺织行业的通病，不是价格低一些、产量大一些就可以打开市场局面的，特别是高端市场。

如今，中国谋求建设成"纺织强国"，不应该成为英国、意大利等"曾经的辉煌"的再版，而应该博采众长，广泛吸取世界各国的历史经验。我们需要认真研究英、美、日、德、法、意等发达国家纺织工业当年之所以兴旺的历史原因，以及他们保持纺织强国地位的经验，争取早日完成把我国建成纺织强国的目标。

三、我国纺织工业的局限

我国纺织行业主要面临的问题是，我国纺织服装行业中小企业多，规模企业少，传统技术人员多，高层次创新人才和研发机构少。这些都会导致许多纺织企业很难培育自己的核心技术。

我国的纺织服装技术总体上还是在重复落后—引进—再落后—再引进的低水平发展的老路，这直接影响了纺织服装产业的竞争力。我国的纺织行业生产以大量的加工为主，缺乏自主创新。由于我国纺织品的加工能力和加工规模只在中低档产品市场有优势，所以纺织品出口企业的利润率比较低，赚取的只是制造加工环节微薄的利润，出口多以定牌、贴牌为主，50%以上的服装出口是来料加工，30%以上是进口国提供商标、款式、纸样稿来进行加工，自主品牌服装仅占10%左右，而且设计开发水平不高，不能自主设计、生产合适销路的产品。

四、山东如意"跨国并购"

随着全球化战略的不断实施，"跨国并购"开始进入中国各行各业的视野，一些国内的大型企业开始尝试借助这一举措打开国际市场。作为中国支柱产业的纺织服装业，自然也不例外。因此，跨国并购成为山东如意进入海外市场寻求突破的重要举措。

山东如意是多元持股的大型中外合资企业、国家级高新技术企业、纺织产业突出贡献企业、中国毛纺织最具竞争力十强企业。公司涉及兔毛纺纱、服装、棉纺织、棉印染、针织、纤维、牛仔布、房地产等产业。山东如意作为国家重点骨干企业，主要涉足纺织服装领域，2017年实现营业收入位居中国纺织百强第12位。

一直被认为是传统产业、落后产业的纺织业，山东如意通过转型升级，激发新动能，提升了企业全球竞争力。随着山东如意跨国并购的不断实施，国际市场逐渐打开，并且把服装产业纳入自己的经营范围，并慢慢成为集团的主营业务。现如今，山东如意通过跨国并购实现了企业的转型升级，具有了很高的技术优势和品牌优势。从2010年起，山东如意开始收购企业及建立子公司，在这个过程中不断扩大其业务范围，完善产业结构，从毛纺织市场进入了棉纺织市场，从毛纺织的研发、设计到成衣销售，建立了两条完整的产业链。

从2010年开始，山东如意加快海外并购和收购或建立国内子公司的步伐。山东如意收购了Renown，它是日本顶级服装品牌。2011年，它并购了罗伦杜牧场。该牧场产出的羊毛质量极好，是澳大利亚乃至世界上数一数二的羊毛基地。这次并购可以为毛纺提供稳定且优质的羊毛原料，毛纺产业链开始向上延伸。2013年，山东如意开始在棉纺产业链中游的纺纱制造方面有所行动，它建立了宁夏纺织示范园。该园区具备纺纱生产线，这是中国目前首个在纺纱方面的成套生产线。

2014年，山东如意将目标瞄准德国时尚品牌，它并购了德国男装、西装等成衣加工生产企业Peine Gruppe，此次并购使得集团的毛纺产业链向下游延伸。2016年4月，山东如意以13亿欧元的价格收购法国轻奢集团SNCP，把SNCP旗下的Sandro、Maje和Claudie Perlot三大品牌收入囊中。近年来，这三个品牌在中国很火，在"新中产"与年轻消费者中颇受欢迎。2017年3月，山东如意以1.17亿美元的价格从香港上市公司Ygmtrading收购了英国品牌Aquascutum。与之前收购的轻奢品牌不同，Aquascutum创立于1851年，因在"第一次世界大战"中为军队制作防水外衣而声名鹊起，拥有160余年的发展历史，与Burberry、Barbour等并称为英国几大风衣品牌。2017年10月，山东如意宣布收购美国INVISTA（英威达）旗下服饰和高级面料业务，据悉交易金额达20亿美元，INVISTA为面料品牌LYCRA的母公司。目前，山东如意已间接持有日本、法国、英国等国家的多个著名高端品牌。

回顾从2010年到2017年，多次的收购使得山东如意的业务有所拓展，不再局限在毛纺织产业，业务范围不断扩大，从毛纺领域跨入了棉纺领域，从毛纺织的研发设计跨越到具备更高附加值的服装成衣市场。山东如意产品不但内销，而且海外市场销售金额逐年增长。通过对各大品牌企业的收购，山东如意形成了品牌战略，更好地定位产品国内外市场，便于精细化服务。

同时，并购不是目的，在后续整合中，并购集团的管理层尤其下属员工能否接受及认可并购方管理层的价值理念，也是关键的因素。如果不能接受这种管理理念、价值观念，那么双方的文化冲突可能会加剧，在进行整合时，会发生各方面的干扰和阻碍。对于并购方山东如意来说，在并购完成后，进行资源的调整和整合时，它要尊重其文化、信仰和当地国家的法律等。要积极地借鉴他们的现存技术，同时要尊重他们在技术上的独立性和创新性。专家也强调山东如意应该提升服装品牌的研发力，不断创新，成立产品研发团队，创建真正属于自己的快时尚服装品牌。通过跨国并购，山东如意得到了来自并购企业的一批优秀的服装设计人员和研发人员。山东如意应该学会利用这些人才，学习他们的经验，结合企业自身特点，实现技术融合，研发出能够代表企业自身形象的服装品牌。它作为企业在竞争激烈的市场中取胜的有利法宝，不仅可以提升企业的知名度，更重要的是可以使企业获得品牌价值，而这种价值是金钱无法衡量的。

在员工关系上，要保证对所有员工一视同仁，对优秀员工要积极鼓励，采取相应措施激发其工作自主性，这也是山东如意一直重视的员工问题。山东如意思考如何将并购后的品牌为我所用，因为并不是简简单单的完成并购就能丰富旗下品牌的。更为重要的是，山东如意还需要加大力度为现有的和未来的产品营销乃至企业资本运作开拓更广泛的市场空间。这要求企业在不断发展和变化的市场环境中，积极地规划建设与企业发展战略相适应的服装品牌策略和切实可行的实施计划，有效地把企业的相关资源或者所有资源与品牌进行整合，建立完善的企业品牌营销、售后及管理系统，清晰地梳理企业现有的和未来计划有的产品、品牌、服务及产业等资源，能从全局的角度出发，在企业经营过程中综合及全面地实施企业品牌战略计划，使品牌价值进一步提升。并购本就不是一帆风顺的，并购后出现后续问题也是正常的。这些都是山东如意需要考虑并加以解决的，而不是局限在完成并购过程。只有这样，企业在稳步提升企业品牌市场影响力的同时，才能最大限度地刺激企业产品的营销，最终实现市场—品牌—市场的良性循环。

经济全球化给国内外企业带来了巨大的竞争压力，同时也给企业的发展带来了许多前所未有的机遇。通过跨国并购可以获得先进技术、品牌和营销渠道，加快企业转型步伐，增强企业在国际市场上的竞争优势，从而在海外市场上得到更好的发展。山东如意可以作为国内其他纺织服装企业跨国并购的借鉴，帮助他们树立跨国并购的信心，为国内纺织服装企业跨越式发展提供良好的示范。

五、如意集团智慧升级

山东如意毛纺服装集团携手中国金顶奖设计师刘薇带来的"2019如意智造·商务时

装发布会"在山东济宁如意工业园如期进行。本次发布会的主题是"商务时尚新动能",双方联手带来的这场发布会也是全球首家以智能化服装生产车间为场地举办的工厂实景大秀。这次活动不仅展示了山东如意在智能制造、商务时尚领域的综合实力,同时全面呈现了如意近年来在打造完善服装智能制造领域的成果。本次活动的成功举办,标志着拥有国际纺织服装智能产业链最高水平的山东如意毛纺服装集团,以科技和品牌做动能,借时尚智慧之力,推动互联网和实体店科技智能创新,实现了由传统产业向科技时尚产业的成功转型。如意先后投入资金 300 多亿元,创建起从纺纱、织布、印染、服装制造一条龙的智能化产业链,为中国纺织业创下多个世界第一:万锭纺纱用工仅 10 人,提升工效 12 倍。

以山东如意的子公司银川滨河如意服装有限公司为例。该公司是山东如意最具代表性的智能工厂,其生产车间布满了传感器。这些传感器对环境、物料信息、设备运行信息和生产进度信息进行采集、分析、处理和上传,构成了强大的物联网信息采集系统,为管理者提供实时的数据动态,从而为生产决策提供可靠的依据。这个系统分为多个子系统,例如报表系统、文件管理系统、机器运行管理系统、人力资源管理系统、管理系统等。经过这些子系统处理的数据实时上传至总的数据管理平台,平台根据这些数据规划出最佳的生产流程,从而更加有效地指导和管理生产。这些信息还会实时反映在视频阵列中,管理者可以通过显示终端进行生产决策和管理,并能监测和控制生产工艺参数。目前,智能挡车是山东如意正在积极推行的智能检测系统。

山东如意是中国众多纺织企业的一角,以此为例可以看出,人力资源的成本、智能制造、品牌策略是构成纺织服装产业的关键单元,如意大规模并购海外品牌,使自己成功地走出去,通过智能制造及"互联网+"技术不断优化内部结构,充分利用国内和国际资源,取得长足发展。

第四节 专家工作实践经验介绍

陈超根据自身多年来的工作实践经验,给同学们总结了他在工作岗位上所需要具备的心态。他自己的心态也经历了由心慌到心定,最后由心定到心专的过程。陈超提到,在大家刚刚毕业踏入工作岗位时,难免会经历慌乱紧张,甚至迷茫的过程。自己选择的工作,也可能与自己的兴趣爱好并无关系,从而产生一定的抵抗心理,这都是正常的现象。所以很多人可能会选择跳槽或者换一种不同性质的工作。陈超在刚开始工作的那个时间段,他的很多同学渐渐远离纺织行业,选择从事其他职业。但是陈超还是本着既然选择了就坚持的心态,尝试定下心来专心工作。经过历练,他从原来枯燥的工作中渐渐找到了乐趣，从而更专注于自己的本职工作。再经过几年的磨砺，他的心态也完成了从心定到心专的转变，慢慢地感觉工作起来有干劲，工作的效率和质量也有很大的提高。陈超已成长为公司中的一位领头人。

陈超举了一个生动的例子：并非所有的职业转变都是错误的，就像《哪吒之魔童降世》这部电影的导演饺子，他的原名叫杨宇，放弃了华西医学院的专业学习，专心于动漫制作，闷着头，一心在自己喜欢的事业上坚持和努力，最后像电影中的哪吒一样逆天改命，书写了自己的辉煌。所以说，真正决定事业能否成功的并不是原来的专业是什么，也不是有没有换工作的性质。真正重要的是在属于自己的岗位上坚持下去，付出精力和热情。

当有同学提问陈超为什么在自己事业稳定的时期选择博士的学习时，他说到，不管到人生的哪个阶段，都需要不断充实自己和补充自己，将自己所学的知识、所掌握的技能与这个社会的需要，以及该行业发展的需要结合起来。虽然并不是说所有的学习都需要进行到博士这个阶段，但是每个人对自己所需要的东西的理解不同，当人生进行到某个阶段时，可能对于知识的渴求又会强烈起来。就像陈超一样，常年来无论工作是否繁忙，他一直保持读书的习惯，每年对自己都有一定的阅读要求。正是这种长年坚持的好习惯，让他在事业稳定的环境下选择来东华进行深造。这种学习精神和他的勇气都值得同学们敬佩和学习。

第五节　部分学生体会与感受

俞巧琦：纺织行业非常需要像我们这样的专业高素质人才，构建多层次的人才体系。

这次讲座带给我们一个大范围的行业性思维方式，告诉我们在学习专业理论性知识的同时，不能忘却了解政府政策及行业大背景发展趋势。这个观念对我来说是全新的，因为在我大学阶段的学习过程中，我没有接触过这样的观念或者是遇到了但没有深究。我们的学生生活与社会发展之间存在脱节，这导致我们对书本内容的学习无法切实运用到实践中，从而产生了"学了也没用"的恶性思维逻辑。通过这门课程，我认识到自己没有主动了解社会对这个行业的需求，以及政府在大环境下对纺织行业发展做出的调整。特别是作为一个纺织工程方向的研究生，我在社会对纺织业的要求和政府的相关规划方面更应该有深入的了解和学习。

讲座最后，专家也根据他自己的工作经历给了我们很多建议。我结合自己的感受提一些想法：刚开始工作，从学校到职场需要一个过渡的阶段，在工作中遇到一些问题，心里难免会有些想法，觉得自己好辛苦、好孤单、没人照顾，什么问题都得自己解决，没有一个真正的朋友帮助解闷,心里很烦。其实,当你和单位里的人相处时间长了,和他们熟了,那种孤单的感觉也就消失了。你要想想,参加工作是迟早的事。你要学会成熟,学会坚强面对一切。在学校,你交学费享受的是服务;在职场,你领工资要做的是提供服务。所以需要站在老板和客户的角度思考问题,帮助他们解决问题。

学会让自己安静,把思维沉浸下来,慢慢降低对事物的欲望。经常把自我归零,每天都是新的起点,没有年龄的限制。只要你对事物的欲望适当地降低,会赢得更多的求胜机会;学会关爱自己,只有多关爱自己,才能有更多的能量去关爱他人。如果你有足够的能力,就要尽量帮助你能帮助的人。那样你得到的就是几份快乐。多帮助他人,善待自己,也是一种减压的方式。要广泛阅读。阅读实际就是一个吸收养料的过程。现代人面临激烈的竞争、复杂的人际关系。为了让自己不至于在某些场合尴尬,可以进行广泛的阅读,让自己的头脑充实也是一种减压的方式。人有时候是这样的,肚子里空空的时候,自然会焦急。这就对了,这是你的求知欲在呼喊你,要活着就需要这样的养分。学会调整情绪,尽量往好处想。很多人遇到一些事情的时候,就急得像热锅上的蚂蚁,本来可以很好解决的问题,正是因为情绪的把握不好,让简单的事情复杂化,让复杂的事情更难以解决。其实,只要把握好事情的关键,把每个细节处理得当,就会游刃有余。遇到棘手的事情冷静点,然后想如何才能把它做好。你越往好处想,心就越开;越往坏处想,心就越窄。

经过这次讲座,我对于书本以外,实际生活中的纺织行业在全球环境形势下的状况,以及在职场中心态的调整等,都有了新的认识。非常感谢老师在这个学期为我们精心安排的这次讲座。

王克杰: 我曾多次思考,人生是什么?有人说人生是一场长长的旅行,无论怎么去走,我们终会到达同样的目的地;有人说人生是一张洁白的纸,无论怎么去画,我们最终都会将它涂满。形形色色的人说着形形色色的话,就像一千个读者心中有一千个哈姆雷特。坦率地讲,我现在也没想明白这个问题的答案,自从上了研究生之后,迷茫与焦虑总是伴随着我。尤其是看到自己所学的专业在社会上的发展现状时,我就显得更迷茫。写到这里,我忽然想起来前段时间看过一个视频,内容讲述的是采访一个比较成功的女士,她在自己所做的领域内已经很出名了,记者就问她是不是从小就立志以后做这方面相关的工作,她微笑着摇摇头,"不,当然不是,我从小想学的是音乐,只是当年分数不够上音乐学院,无奈去做了现在的这份工作"。记者还跟她聊了很多,我印象最深的一句话是她说做自己喜欢做的事固然很好,但能将自己不喜欢的事做好,那才是成就感满满的一件事。这句话当时对我触动很大。我想了很多,周围的很多同学,包括我自己在内,有几个人是真的喜欢我们的纺织才选择它的呢?答案很可能是否定的。但是听了专家讲座之后,我有了自己的答案:这个世界上没有哪个选择是对的,哪个选择是错的;与其去浪费时间质疑自己,还不如迈开步子向前走;不忘初心,才能得到始与终。

前几次企业实践与案例分析的课,晏老师为我们请了不同纺织企业的专家。第一节课的专家从企业与市场的角度,给我们深度剖析了纺织行业的发展现状和存在的一些问题,还从企业自身的角度给我们讲解了一个企业如何一步步发展,去摸索市场,去适应市场,到最后去主导市场。讲座很精彩,我们也受益良多。第二节课的专家结合自身二十多年的成长历程,给我们讲述了一个纺织人如何一步步学习、发展,到最后一步步扎根于纺织业。

两位前辈对我的启发都很大,他们分别向我们展示了两幅画面:一个是分析市场,谋定而后动,然后去了解市场,适应市场,把握市场,最后发展、壮大自己的企业;另一个则是跻身车间,砥砺前行,最终成为企业的高管。

让我印象比较深刻的是第二位专家,因为他的讲述让我感觉更加真实,或者说离我们更近。因为对于目前的我们来说,可能更倾向于专业技术的积累,我自己更偏向于去做技术工作。对于工科专业来说,技术的东西掌握不好,工作就会让人不信服。比如说我们想去做纺织企业的管理层,但如果你对纺织的专业知识一窍不通,对纺织生产线的整个流程都不熟悉,那你怎么会做好这个工作呢?所以当我看到有些同学对于去工厂实习不怎么乐意的时候,我是很诧异的。其实,我们应该多去基层锻炼,如果我们在找工作之前进行相关实习,这对我们将来的工作肯定是一个很大的帮助。

另外一点让我印象深刻的是专家讲的学习的一种习惯,我觉得这个特别好。我们现在很多同龄人,包括我自己在内,能保持一直学习这个习惯的人,真的很少,大家好像总是很忙。但如果具体地去回想,却也没有干什么,可能一天的时间,上上课,刷刷手机,打打游戏……就没剩下多少时间了。我们总说自己英语不好,专业知识掌握不扎实,但有几个人真正去做呢?在专家的讲述中,贯穿始终的有一点很重要,就是专家一直保持学习的好习惯。他在大学刚毕业的时候,选择去工厂实践,毕竟学校里学的东西跟具体的实践中还是有差别的;然后一步步升上去的时候,专家又选择去英国访学。专家说英国的这段经历对自己后面的管理工作影响很大,因为走出国门,去别的国家看看不同文化的国家的社会状态、管理模式等。在那边学习几年之后,专家就带着很多东西回国,开始进行管理工作。专家的这段历程对我影响蛮大。我们大多数人都是眼高手低,只看到别人表面的风光,却忽略了背后的一滴滴汗水。现在专家又在东华大学读在职博士,即使工作和功课很忙,也会坚持每天看书。我记得讲座结束还有同学提问专家怎么做到的。专家的回答很简单:习惯!曾几何时,我也想养成这样的习惯,可总是没坚持几天就放弃了。今天,专家用自己的亲身经历告诉我们习惯的力量。

经过这几次讲座,我对自己有了更多的信心,同时也对自己提出了更高的要求。首先,我们作为一个纺织人走到现在,迷茫可以有,但请不要怀疑自己的选择。无论你是怎样进入纺织大家庭里面的,都请你坚持做下去,坚持不一定成功,但放弃的人一定不会成功。在研究生期间,利用这些资源去学习,充实自己。然后,我们应该学会处理自己的空闲时间,培养一个良好的习惯,多去看看书,多去学习专业知识。要知道,纺织发展了这么多年,仅仅靠课堂上学到的知识是远远不够的。如果可以的话,尽量去纺织相关的企业多做做实习,实践才是检验真理的唯一标准。如果人生是一块洁白的画板,我们现在就要开始为自己的人生"作画"。颜料不够就去购买,画技不足就去练习。

总之,我们该开始着手在这个画板上作画,不管我们如何去做,只希望将来回想的时候,不会因为这样那样的原因而后悔,真正地做到不忘初心。

毛文萱：很荣幸能听陈超老师的讲座,从纺织的历史谈到当前的发展状况和之后的趋势,从中收获颇多,体会也颇多。

此次讲座短短两个小时,陈超老师声情并茂,结合自身多年的工作经历,为我们讲述了纺织行业的起落,教会了我们"既来之则安之"的学习与生活态度,使我对纺织的进一步学习有了更多的耐心和专心。

通过细致了解纺织行业的发展史,纺织是非常有趣的,更体现出人们的智慧,纺织实际上也没有很多人说得那么糟糕。虽然面临很多问题,但是仍有很好的发展前景。

近年来,纺织技术的发展一方面表现在高新技术的采用上,另一方面体现在纺织机械上。由于大量使用了快速、大容量内存数字计算机,设备的工艺性能明显提高,产品质量稳定,花色品种繁多,工艺流程缩短,疵点减少,劳动力节约,劳动强度降低。在未来,纺织机电一体化已成为不可逆转的发展趋势,通过开发联合机械缩短工艺流程,进一步改善开发新型纺织专件、纺织器材和化学助剂,增加更多的新指标评价纺织品。我国纺织技术虽不及国外的高新技术,但是只要坚持不懈地努力,一定会在不久的将来赶上或超过世界先进水平。

目前,中国纺织工业也正在追赶国外先进水平。以科技创新为主的产业用纺织品将成为纺织工业的重点,这无疑为该工业的发展提供了巨大的原动力。中国是纺织品生产和出口的大国,中国纺织行业自身经过多年的发展,竞争优势十分明显,已经具备世界上最完整的产业链、最高的加工配套水平,众多发达的产业集群地应对市场风险的自我调节能力不断增强,给行业保持稳健的发展步伐提供了坚实的保障。所以纺织企业应克服原材料上涨、人民币升值及出口退税调整的困难,抓住纺织行业发展的机遇,提高产业的集中度,遏制低效产能的盲目扩张,加大特色产业园区的建设,加强自主创新的步伐,提升中国纺织行业的品牌建设,进行产业调整和升级,使中国尽快由纺织大国向纺织强国跨进。

陈超老师说他刚接触这个行业的工作时,是心慌的,随着时间的推移,他开始调整自己的心态,逐渐心定下来。经过八年的工作沉淀,他从中学到的纺织技术越来越多,也更专心地研究纺织的内涵。陈超老师现在还要继续潜心研究纺织,在我校读博,这样的精神是难能可贵的,非常打动我。我们年纪轻轻,拥有更好的学习能力和更多的精力,更应该珍惜难得的学习机会,更专心地学习,不应该抱怨,以"既来之则安之"的心态,积极地应对枯燥的理论知识学习。陈超老师所在的如意集团具有巨大的发展优势和空间,其成功的运作实践、高速发展态势成为当今中国走向世界的一面旗帜。这么优秀的集团让我对纺织的前景更有信心,纺织已经不再拘泥于传统纺织品,其产品已经从普通的面料走向高新技术的服饰、家用、产业用领域,这也是必然趋势。

无论面对什么问题,都要保持良好的心态,改变能改变的,接受不能改变的,以一颗平静的心对待纺织。纺织并不是夕阳产业,仍具有很多希望,需要新的技术改造,才能更好地跟上时代的步伐,更适应发展的趋势。纺织这个行业,更需要的是长期的积累与学习,将自己所学的与实际相结合,去适应眼下的生活与环境,并且不断丰富自己。

刘晨芳：作为专硕研究生的我们,将来必然要走上工作岗位。在研究生期间,我应该做好充足的准备来迎接自己的第一份工作。

大学生和研究生是有本质区别的。现在我进入研究生学习、生活已有半个学期,虽然同样是上课,但我发现,研究生的课堂并不像大学生那样,以老师授课为主,更多的是以学生为主,我们要有自己的思考。大学生基本上是接受学问、接受知识的。然而,对于硕士时期或博士时期的学习、研究,我们都应该准备好开始创造新的知识。

在研究生期间,我希望每月甚至每天给自己一个挑战,越不喜欢的事,越要去完成。要每隔一段时间,给自己一个挑战,挑战一个我自己做不到的东西,不要求自己每次都能顺利克服这个挑战,但是我一定要竭尽全力去尝试。我之前非常害怕说英语及听英语,听力课完全听不懂。听了老师的建议,我每天听半小时的英语,发现并没有想象的那么难。其实所有的事好像都是如此。在本科毕业论文期间,我也觉得我做不到,但通过自己查询文献资料,认真完成课题实验,努力分析实验结果,顺利完成了论文的撰写,还获得了优秀毕业论文的称号。

作为专业硕士的我们,研究固然重要,但相比于学术硕士的同学,我们掌握更多的实践技能更重要。因此,除了做科研的时间,我觉得还应花一些时间在与工作有关的事情上,例如去工厂实习。工厂里的师傅们虽然专业知识不如我们,但是他们的实践能力一定是强于我们的。我们还需要学会如何将自己的想法对工厂的师傅们表达出来,这样才能一起完成任务。因此,实践这一环节就成为必不可少的。

此外,我觉得我们需要了解纺织行业的流行趋势。上一个周六,我们参观了苏州海门的家纺城,这让我印象十分深刻。那里的产品并不是市面上现有的大多数产品,他们的产品拥有自己的特色。当然,这就要求有相当的创新能力。做家纺产品的公司有很多很多,然而消费者为什么选你这一家,这就要求你的产品拥有自己的特色,而这些也是需要我们亲身去感受的。

李司琪：非常开心能在学校课堂里面分享到企业高管的心得，非常感谢学校提供给我们这样的机会。从本科的时候就开始关注就业问题，由于升学暂时搁置了，但专业硕士只有两学年的时间，就业问题再一次出现在大家的面前。这堂课听了如意集团陈总的一些分享，感觉受益匪浅。

陈总为我们首先介绍了如意的大致情况。纺织的学生都知道山东如意是多元持股的大型中外合资企业、国家级高新技术企业、纺织产业突出贡献企业、全国纺织十佳经济效益支柱企业、中国毛纺织最具竞争力十强企业、山东省百家重点企业集团。集团拥有巨大的发展优势和空间，其成功的运作实践、高速发展态势成为当今中国走向世界的一面旗帜。自主研发能力最强、自主创新项目最多、科技含量最高是集团的核心技术优势。企业不单单注重科研创新能力，也非常注重营造更好的人文环境，"人际亲和"理论是公司的核心理念。这种理念源于儒学经典，强调尊重人，重视人际的亲和，重视道德的感召力和民心作用。公司承袭博大精深的儒学文化，试图以民族素养孕育民族产业，以民族精神塑造民族品牌，期望把民族文化与域外风情有机融合。企业的文化优势是"从严求实，至诚至善"的文化理念，"追求完美，挑战极限"的企业追求，以及"无坚不摧，百折不挠"的奋斗精神。

我们一直在学校，亲身接触企业的机会不多，对中国纺织企业的一些框架、结构、生产等方面都不是很了解。陈总为我们详细介绍了现代纺织企业的现状，让我们大开眼界。我们很疑惑，这些机器跟我们平常接触的不一样，那我们的学习还有意义吗？陈总语重心长地告诉我们，虽然我们在课本上、实验室接触到的一些机器已经不在工厂使用，但其中的工作原理是不变的，大家在学校要把基本知识掌握牢固，才能以不变应万变。

陈总说山东如意一直很在意青年人才的培养，目前公司内有博士8人、硕士118人，本科生的规模达到1 000多，这无疑对公司的发展起到了很大的推进作用。无论哪个行业，对高端人才都有很大的需求，尤其在实体经济行业领域，纺织也不例外。由于很多年轻人对工作环境等方面的要求比较高，不少纺织专业的学生跨行求职，纺织的技术人才也就更加紧缺。不过如意集团积极营造吸引和稳定人才的机制和文化氛围，实行以人为本的长效激励，事业留人，感情留人，待遇留人，激发广大人员的创造热情。对各类人才既讲贡献又讲待遇，既给予物质激励又给予精神激励，让他们充分体验到自我价值实现的成就感，实现人才个人与企业的共同成长和发展。物质激励，待遇留人。人才加大对企业的贡献，企业加大对人才的回报，这必将促进人才个人发展与企业发展的良性循环。柔性管理，感情留人。人文精神的回归是时代的呼唤，管理的实质是管人，但管人不是靠一纸契约，而是要"管心"。如意秉承儒家文化思想内涵，以"从严求实，至诚至善"为企业理念，强调"仁"，推崇"礼"，倡导"德"，以人为本，追求和谐，精神激励，事业留人。每位人才都会看重发展机会,精神、荣誉、事业的激励更具长期性。如意集团用人不拘一格,放手使用,"有多大能力,就给多大舞台",为人才提供能施展其才华的天地,支持人才成就事业,让人才感到人生有奔头,工作有劲头,在如意大业这个舞台上能体现其人生的价值,实现其人生的目标。此外,公司还注重精神层面的激励,大张旗鼓地宣传表彰优秀人才,每年都评出如意的功勋人物、杰出人才和劳动模范,把他们当作企业的精英、时代的楷模和最受尊敬的人,大力表彰和宣扬其业绩。我们在东华大学攻读硕士,本身就是很幸福的一件事情,希望我们不辜负学校的培养,不断用知识武装自己,真真切切地为推动纺织行业的发展贡献一份力量。

陈总从事纺织行业已经十多年,他当年的许多同学跨行就业了,只有他坚持在纺织行业奋斗,通过自己的努力有了一番成就,坐上了高管的位置。大多数人都会觉得差不多了,现如今肯定过得很安逸。但事实却相反,他仍在坚持学习,他在大学继续深造,攻读博士,不断提升自己的价值。许多未能取得成功的人往往错误地认为,离开学校后,就停止了对知识的学习。其实,学校教育只不过是为未来获得更有用的知识打下坚实的基础,做铺垫而已。我们在另外一堂课上见过陈总,他跟我们一样,作为一个学生的角色,不断汲取知识,他认真做笔记的样子让我印象深刻。他在刚接触工作的时候,也遇到了很多挫折,经常跟着工人师傅工作到深夜,课本上的理论与实践之间总是有很大的差别,把所学变为所用不是一件容易的事情,只能通过不断的练习将两者结合。为了更加了解生产线,他所有的事情都亲力亲为。也正是这种工作的劲头,让他有了今天的成功。我们作为纺织专业的学生要向陈总学习。相比于他们那个年代,我们有更加优越的环境、更加丰富的资源、更加优秀的师资,我们要利用好这些条件,创造更加有意义的人生。

吴加会:为了帮助专硕研究生更好地了解企业的运营模式,以及现在的纺织行业发展情况等,学院请来了山东如意的陈总,他分享了自己毕业后在公司20年的工作经历,让我印象深刻。

陈总主要从三个方面与我们进行分享。第一个方面,他主要介绍了纺织的发展情况,从一个大的范围介绍了世界纺织行业的三次转移:第一次转移是从英、美等发达国家转移到日本;第二次转移是从日本转移到中国、韩国等国家;第三次转移是现在正在进行的从中国转向柬埔寨、越南等东南亚国家。其中,陈总分享了他去英国的工作经历,让我们了解到英国纺织企业的发展状况、经营模式等。与中国的纺织行业相比,英国的纺织业技术更加发达,产品更加高端,这是我们国家需要学习与借鉴的。中国在目前进行的第三次产业转移中也遇到了很多难题,比如东南亚国家的员工工作效率低、员工工资不断增加、企业管理较为困难、机械运输困难等,这都是产业转移需要重点注意,以及需要解决的问题。第二个方面,陈总给我们介绍了山东如意,从一个公司的角度,介绍了中国纺织技术的发展。陈总还与我们分享了他从大学毕业后到如意集团的整个工作经历。

大学一毕业,陈总就到了如意集团。作为一个刚毕业的大学生,没有任何的工作经验,陈总从底层做起,他被安排去修理机器。有了两年的经验以后,他被调到研发部,这是一个很辛苦但非常能够锻炼及学习的机会,经常性的加班和较大的工作压力,让他成长了很多。经过不断的努力,陈总成为了公司的管理者。这是一段非常值得我们学习的工作经历——不畏艰苦,奋发向上。有目标,有追求,并为之努力。第三个方面,陈总对他的工作经验做了一个总结——从心慌到心定再到心专。这就是一个毕业生成长为企业高管的心态的变化,也是大部分人会经历的一个心路历程。最后,陈总告诉我们他的工作体会:"态度决定一切,既来之则安之。"

陈总的工作经历基本上就是一个成功"纺织人"的工作经历,让我有很深的心得体会:

(1) 扩大眼界

首先,陈总和我们分享的世界与中国纺织行业的发展,很好地拓展了我们对纺织行业的认识。从一位纺织企业工作者的口中听到和从书上看到的知识,给人的感觉是不一样的,这会加强我们的认知,也会加深我们的思考。目前中国的纺织行业存在很多问题,比如产业转移过程中出现的问题、国内纺织技术发展遇到的瓶颈等,这是需要我们深思的。我们的知识不应该只局限于学校,要扩大我们的眼界。

(2) 保持积极乐观的心态

作为研究生,我们很容易陷入迷茫,不知道以后能做什么工作,不知道有哪些适合自己的岗位,对前途担忧,对未来迷茫,有的时候甚至会产生负面情绪。因此,整理好自己的心态,对未来的认知是非常重要的。陈总分享的经历告诉我们,每个刚进入企业的人都会迷茫,他也是从这个时期过来的。所以要控制好自己的心态,勇于迎接未来的每一个挑战。作为在校研究生,我们应该做好自己的本职工作,做好课题,拓展知识面,保持积极乐观的心态。

(3) 加强研究与技术创新

陈总说到,现在的中国纺织业是需要技术创新的,像英国、美国,其本国的纺织企业并不多,但是纺织技术领先,因此在世界市场上占有很高的地位。我国的纺织技术需要不断突破与创新。作为纺织专业学生,我们是纺织技术进步的重要支柱。在校期间,我们应该加强知识理论的学习,为以后的生产实践打下坚实的基础,提高自己的产品开发与创新能力,了解自己的责任,为中国纺织业的发展做出自己的一份贡献。

(4) 坚持与努力

在以后的工作中,我们会遇到各种各样的问题,无论遇到什么问题,都要学会坚持与克服。陈总说他刚毕业进企业做的是修理机器的工作,这让我们很惊讶。说实话,现在的学生毕业后是不会愿意去做这种工作的。但是陈总坚持了下来。不论哪种工作,只要认真对待，都能学到很多东西，尤其是基层的工作，都是专业的知识基础，这为以后的工作提供了保障；在研发部的工作是非常辛苦的，有很多人做一段时间就会选择跳槽，而陈总一直在努力，一直在坚持。我们未来工作需要坚持与努力，不要说放弃就放弃，遇到的每个难题并克服它，都是一个人进步的契机。

（5）有梦想有追求

习近平总书记2019年在清华大学校庆时对大学生说过，"我们要做有理想、有追求、有担当的青年人"。陈总就为我们展示了一个有追求的青年人的典范。在不断的努力下，他实现了自我价值。现在有很多人安于现状，没有追求。作为学生，我们要奋发图强，逐渐进步。可以做一份人生的职业规划，有目标并为之不断努力。

这门课程与其他的课程很不相同，从中学习到的知识也有很大的差别。我们由此了解到很多社会上的问题，这让我们认识到学习视野不应局限于学校，而应该扩大到中国纺织业甚至世界纺织业。在以后的学习生活中，我会增加对社会的关注度，在不断提高专业知识储备的同时，加强自己其他方面能力的培养，为自己未来的工作做好充足的准备，调整好自己的心态，迎接未来的每一个挑战。

侯大伟：作为一名纺织工程专业的学生，2019年6月份我从天津工业大学毕业，它曾是人们公认的我国三大纺织院校之一的天津纺织工学院（简称"天纺"）。可是我明白天纺与作为纺织院校老大哥的华东纺织工学院（简称"华纺"）即现在的东华大学之间还存在不小的差距。怀着对华纺和上海的憧憬，我一步步努力，终于幸运地被东华大学纺织学院录取，成为一名2019级的纺织工程专业硕士生。转眼间，2个月的硕士生涯已经过去。这期间上过很多专业课程，也有许多基础课程如数学和英语，但是令我印象最深的就是学校专门为专业硕士开设的"现代纺织企业精英实践案列解析"这门课程。这门课程于专业硕士的重要性不亚于毕业论文于学术硕士的重要性。每一节课，学校都会从纺织企业邀请有丰富经验的专家来给我们讲解现代纺织企业的发展，同时分享他们在纺织行业从事多年的个人体会。他们的精彩演讲给了我许多体会和感想。

课程中感悟最多的莫过于来自山东如意的陈总。陈总有着丰富的纺织行业从事经验，而且其个人背景和我们十分相像。从陈总的分享中，我了解到陈总于1998年从西安纺织工学院硕士毕业，然后就开始了在山东如意的职业生涯。陈总说他刚进入工厂时，被安排在一线生产岗位，从纺纱、织造到染整，他在这三个环节轮岗。一线生产的工作经历让他产生了极大的心理变化，他说在这期间最多的是迷茫和自我否定，每天和工人一起做着重复性的机械工作，常常思考工作的意义是什么？许多纺织专业的毕业生由于经受不住一线生产的经历，往往实习期还没过就选择转行。但是陈总告诉我们，在这种环境下，他始终能坚持初心，"既来之则安之，干一行爱一行"的心态使得他沉下心来，丰富的一线生产经历及陈总的积极进取心，让企业对他的重视程度越来越高，所以他水到渠成地进入研发岗位。在这个岗位上,他能发挥自己专业所长和最大的潜能,将自己所学的知识投入实际生产应用。一步一步脚踏实地,我们终将迎来光明。在毕业之后的短短六年里,有了一定的工作经验后,陈总被委任为生产厂长。在厂长位置上干了一段时间后,又进入管理层。进入管理层的陈总开始负责一些国际业务,成为了纺织行业中的佼佼者。

几行文字无法概括陈总整整20年纺织行业的从业经历。我们从陈总的个人经历中学习到不少。同样来自普通家庭的我们,仿佛能从陈总的成长经历中看到我们未来的路。作为一名专业硕士,脱离生产搞研究不是我们的路,唯有将自己的知识与企业的生产实践结合起来,方能发挥我们的价值。所以丰富的一线生产经历是我们必须具备的。但是日益浮躁的社会好像给不了一名工科应届生太多实践机会,互联网、金融等行业的高工资使得我们心里产生巨大的落差。如何减轻或者避免这种心理落差的产生?我们需要一个完整清晰的职业生涯规划。幸运的是,陈总的讲座给予我们对未来及职业生涯的清晰视角。以我个人为例,我从这堂课中学习到的知识是终身受之不尽的。今年毕业后的暑假,为了增加个人的实践经历,我选择到河北永亮纺织有限公司进行实习,这是一家生产毛巾的企业。这家企业虽然规模不大,但是从织造到染整及成品的销售,一应俱全,可谓"麻雀虽小,五脏俱全"。虽然名义上挂着研发人员的头衔,但是我的实习时间大部分是在一线生产线上度过的。在炎热的夏季,织造厂里漂浮着各种飞花,满身的纤维显得更燥热,这种环境下,我的心态已经接近崩溃,让我对未来的路充满了迷茫。想着未来会在这种环境里工作,我对未来的期盼瞬间消失了。但是从陈总的报告中,从他的个人经历中,我的信心与期待又一点一点地建立起来。作为一名工科生、一名纺织专业硕士生,如何实现自我沉淀,沉下心来是极为重要的。拥有一个正确、良好的心态应对毕业初期的工作,制定合适的职业生涯规划。这种来之不易的精彩讲座,以及演讲人的亲身经历都带给我极大的启示。

什么是专业型硕士?个人理解其目的是培养具有扎实理论基础,并适应特定行业或职业实际工作需要的应用型高层次专门人才。专业型学位与学术型学位处于同一层次,培养规格各有侧重,在培养目标上有明显差异:学术型学位按学科设立,其以学术研究为导向,偏重理论和研究,培养大学教师和科研机构的研究人员;而专业型学位以专业实践为导向,重视实践和应用,培养在专业和专门技术上受到正规的、高水平训练的高层次人才。专业型学位教育的突出特点是培养的能力与职业紧密结合。获得专业型学位的人,主要不是从事学术研究,而是从事具有明显职业背景的工作,如工程师、医师、教师、律师、会计师等。专业型学位与学术型学位在培养目标上各自有明确的定位,因此,在教学方法、教学内容、授予学位的标准和要求等方面均有所不同。"现代纺织企业精英实践案例解析"这门课对于我们专业硕士来说,可谓是荒漠中的甘泉、黑夜中的北极星,老师带给我们对未来的清晰视野,让我们能够做出合适的职业生涯规划。

王西朝：2019年10月17日,作为东华大学纺织学院的一名专业学位的硕士研究生,我有幸参加了山东如意的陈总关于纺织行业和个人从事纺织行业经历的分享会。认真倾听陈总的演讲之后,我受益良多。现结合陈总的分享和行业经济发展的相关文章,谈谈自己的感受和一些看法：

(1) 实现纺织行业高质量发展,需要持续推动区域结构调整

纺织行业历史悠久,从改革开放以来,中国的纺织服装行业经历了三个阶段。第一阶段是立足于解决温饱阶段,从1978年到1991年。1978年改革开放为纺织工业长远发展奠定了深厚的基础,80年代中后期,纺织业形成了服装用、装饰用、产业用三大终端产品,以轻纺为优先、大进大出的大纺织格局。第二阶段是从1992到2000年的快速发展阶段。我国市场经济体制逐渐确立,随着改革开放的深入,发达国家的资本、技术进入我国,极大地推动了我国纺织业的快速发展。第三阶段是2001年至今的国际化发展阶段。2001年我国加入世界贸易组织(WTO),为中国纺织业进入国际市场打开了一扇大门,同时中国纺织业不断缩短与发达国家之间的差距。

但如今,国内纺织行业的现状不太乐观。由于受贸易摩擦的影响,以及全球经济不景气的大环境,很多中小企业靠打价格战取得优势的方法逐渐被时代淘汰；人们对纺织服装的要求越来越高,越来越个性化,而纺织行业的高学历人才极少,纺织企业的自主创新研发能力显然不足,这造成供求关系的巨大短板。因此,纺织行业确实需要寻找突破的方向和突破的方法,才能让传统行业发挥新的生机。

资源和时代所带来的产业红利已经到达天花板,因此纺织行业需要区域结构调整。也就是说劳动密集型、以出口为主的产能向低成本国家、低成本地区转移。近几年,我国服装产能已基本完成向东南亚、南亚等地区的产业转移。其次是国内结构调整,中国纺织工业联合会很早就开始推动纺织产能向西部转移。未来的纺织产业发展趋势必然是自动化、智能化、环保、节能。产业转移是趋势,只有把大方向、区域结构调整好,才能使纺织服装行业发展得更好。

(2) 士不可以不弘毅,任重而道远

陈总结合自身从业二十年的经历,给我们传授了很多经验。当然,经验这东西学之不尽,最重要的还是知行结合。从他的讲述中,我觉得可以大致归纳为经典的三句话：心态决定一切,细节决定成败,性格决定命运。

关于心态决定一切,心态是纺织从业人员必须经历的一道难关。我们学习纺织工程,属于工科出身,本就应该具备解决实际问题的能力。但这种能力需要不断地累积,尤其是纺织这样一个具有复杂加工体系的行业,更加需要从业人员具备沉下来做工程的良好心态。但我们正处在经济迅速发展,各种互联网和直播、电商霸占人们的精神生活的

时代,很少有年轻人愿意沉下心去做纺织。据统计,目前从事纺织行业的高学历人才少之又少。如果我们这些代表中国一流纺织学府的硕士都不愿意从事纺织,那中国纺织业的出路又在哪里呢?陈总用了两年的时间在车间摸爬滚打,用了十年的时间在技术部做设计、开发工作,才有了部门部长的职位,又用了将近十年才做到厂长的位置。由此可见纺织行业绝对是一个对从业者的心态极具考验的行业。

细节决定成败,一块小样、一个公式、一次生产,整个过程都伴随着严重失败的风险。说严重失败是因为每次工艺设计完成之后,紧接着可能就是时间紧急的大批量生产,如果出现错误,那将是巨大的损失和几百号人薪水的瞬间蒸发。工艺设计或者面料开发不是一个人或一个部门就可以完成的,需要和上下部门做好衔接沟通工作,而纺织服装行业上下部门的同事文化水平差距可能较大,完全有效的高效率沟通是很困难的一件事。要做到相互明白彼此的意思,一起圆满完成任务,则从业者必须有很好的耐心,整个流程需要部门全程监控,技术开发人员尤其需要细心谨慎。不放过每一个小细节,争取把每一个细节都做好,这样才能高效、圆满地完成任务。

性格决定命运这句话可以从陈总的身上反映出来。在课堂的结尾,我向陈总请教问题,他所经历的事和所分享的经验,都可以从侧面反映出陈总是一个具有极强的毅力、极其自律、爱学习、不骄不躁、耐得住性子、不急功近利的人。正是因为他有这些性格,他才能在纺织行业一干就是二十年,从一个车间的普通挡车工到如今的经理。

二十几岁,是人生的一大转折点。我们即将面临从学校到社会的艰难过渡,我们也对未来充满憧憬。良好的习惯和性格将使我们受益终身。

(3) 谆谆教诲寄深情

① 心慌—心定—心专

看似简单的六个字,却是陈总二十年心路历程的缩影。目前,我们无论是去纺织企业参观还是去纺织服装企业实习,都会面临一些现实问题。行业的盈利能力本来就不是很高,大多数企业无法给出年轻人满意的工资;纺织企业生产车间非常聒噪,这种环境自然没法和金融、互联网等行业相比。这些现状让年轻人心慌,刚开始实习,日复一日的机械式劳动让他们心生疑惑,很多人觉得工资不高、环境不好,也看不到前景。但如果慢慢地去适应并坚持,在实践中完善纺织行业的知识,可能会渐渐地产生感情。所谓"干一行爱一行",大概和这种日久生情有关,即心定。慢慢地,你会累积很多经验,逐渐走向高层,逐渐成为这个领域的专家人才,即心专。纺织行业确实是一个非常考验人的行业,这是一个扎根—发芽—成长需要倒过来的过程。

② 放弃你该放弃的,选择你该选择的,坚持你该坚持的

一叶而知秋,我们从陈总的身上也可以看出,现行社会和市场环境下学习纺织而从事纺织企业工作的人可谓不多,将近90%的人都没有在这条路上坚持下去。这并不是劝

我们放弃纺织。我相信许多学习了多年纺织的学生,他们都对纺织行业充满期待,极其渴望用自己的所学成就一番事业,发挥自己的价值。因此我觉得,我们还是应该保留对纺织行业的热情,投身于纺织行业中扎扎实实地干几年,也不枉自己空有一身纺织的武艺绝学。当然,每个人都是独立的个体,如果有自己非常感兴趣的,那就去做自己感兴趣的。古往今来,多少成就伟业的还是兴趣至上。正如陈总所说,放弃你该放弃的,选择你该选择的,坚持你该坚持的。这句提炼和浓缩其实也是陈总对年轻的纺织人的嘱托,像一个长者对年轻人的谆谆教诲,放在心上便可受益终生。

认真聆听陈总的分享之后,像我这样一个处于象牙塔,只会读书学理论的纺织专业学生,了解到了很多有用的知识。关于行业发展现状和趋势,关于生产实践的方方面面,关于纺织企业运营模式,关于从学校到社会的过渡,这些都是无价的珍宝。我从内心非常感激学院为专业硕士学生开设的这门课程,它极大地开阔了我们的眼界,让我们足不出户也可以认识到纺织行业的大氛围、大格局。

第六节　小　　结

本案例讲座聘请了一位普通家庭出身的纺织专业毕业生,他讲述了其在企业成长的一个完整的过程,这对大多数出身普通家庭的纺织学院学生来说,有很好的示范效果。同学们通过一个普通毕业生在企业成长的经历,去体会、去感悟、去思考。下面摘录了部分同学的感悟与体会的精彩片段:

"这次讲座带给我们一个大范围的行业性思维方式,告诉我们在学习专业理论性知识内容的同时,不能忘却了解政府政策、行业大背景发展趋势。这个观念对我来说是全新的,因为在我大学期间的学习过程中,我没有接触过这样的观念或者是遇到了也没有深究。我们的学生生活与社会发展之间存在脱节,这导致我们对书本内容的学习无法切实运用到实践中,从而产生学了没用的恶性思维逻辑。通过这门课程,我认识到自己没有主动了解社会对这个行业的需求,以及政府在大环境下对纺织行业发展做出的调整。特别是作为一个纺织工程方向的研究生,我在社会对纺织业的要求和政府的相关规划方面更应该有深入的了解和学习。"

"在学校,你交学费享受的是服务;在职场,你领工资要做的是提供服务。所以需要站在老板和客户的角度思考问题,帮助他们解决问题。"

"学会让自己安静,把思维沉浸下来,慢慢降低对事物的欲望。经常把自我归零,每天都是新的起点,没有年龄的限制。只要你对事物的欲望适当地降低,就会赢得更多的求胜机会;学会关爱自己,只有多关爱自己,才能有更多的能量去关爱他人,如果你有足够的能力,就要尽量帮助你能帮助的人。那样你得到的就是几份快乐。多帮助他人,善待自己,也是一种减压的方式。要广泛阅读。阅读就是一个吸收养料的过程。现代人面临激烈的竞争、复杂的人际关系,为了让自己不会在某些场合尴尬,可以进行广泛的阅读,让自己的头脑充实也是一种减压的方式。人有时候是这样的,肚子里空空的时候,自然会焦急。这就对了,正是你的求知欲在呼喊你,要活着就需要这样的养分。学会调整情绪,尽量往好处想。很多人遇到一些事情的时候,就急得像热锅上的蚂蚁,本来可以很好解决的问题,正是因为情绪的把握不好,让简单的事情复杂化,让复杂的事情更难以解决。其实,只要把握好事情的关键,把每个细节处理得当,就会游刃有余。遇到棘手的事情冷静点,然后想如何才能把它做好。你越往好处想,心就越开;越往坏处想,心就越窄。"

"我想了很多,周围的很多同学,包括我自己在内,有几个人是真的喜欢我们的纺织才选择它的呢?答案很可能是否定的。但是听了专家讲座之后,我有了自己的答案:这个世界上没有哪个选择是对的,哪个选择是错的;与其去浪费时间质疑自己,还不如迈开步子向前走;不忘初心,才能得到始与终。"

"另外一点让我印象深刻的是专家讲的学习的一种习惯,我觉得这个特别好。在专家的讲述中,其实贯穿始终的有一点很重要,就是专家一直保持着学习的好习惯。

习惯!曾几何时,我也想养成这样的习惯,可总是没坚持几天就放弃了。今天,专家用自己的亲身经历告诉我们习惯的力量。"

"无论面对什么问题,都要保持良好的心态,改变能改变的,接受不能改变的,以一颗平静的心对待纺织。纺织并不是夕阳产业,仍具有很多希望,需要新的技术改造,才能更好地跟上时代的步伐,更适应发展的趋势。纺织这个行业,更需要的是长期的积累与学习,将自己所学的与实际相结合,去适应眼下的生活与环境,并且不断丰富自己。"

"大学生和研究生是有本质区别的。现在我进入研究生学习、生活已有半个学期,虽然同样是上课,但我发现,研究生的课堂并不像大学生那样,以老师授课为主,更多的是以学生为主,我们要有自己的思考。大学生基本上是接受学问、接受知识的。然而,不管是对于硕士时期或博士时期的学习、研究,我们都应该准备好开始创造新的知识。"

"'现代纺织企业精英实践案例解析'这门课对于我们专业硕士来说,可谓是荒漠中的甘泉、黑夜中的北极星,老师带给我们对未来的清晰视野,让我们能够做出合适的职业生涯规划。"

以上种种,都是同学们听完报告后发自内心的体会、感悟及思考,也启迪着后来者思考。

第四章　丝情画奕品牌发展历程（案例四）

（讲座时间：2019.11）

第一节　丝情画奕品牌及丝情画奕服饰有限公司概况

2019年11月7日，学院邀请丝情画奕品牌及丝情画奕服饰有限公司负责人聂开伟老师来给2019级纺织专业硕士研究生开了一次讲座。

讲座开始，聂总对公司做了详细介绍。首先，他跟大家说了为什么选择丝绸作为创业方向？这与他在苏州丝绸博物馆八年的工作经验有关，并且他说丝绸柔滑秀美、高贵典雅，堪称中国风尚的最佳载体之一。然后，聂总举了很多案例，详细讲解了公司的运营模式。公司目前只有实体店，这是他们现在主打的慢节奏区别于网店快销潮牌，他们想通过让顾客来店里自己动手加深对公司产品的珍稀度。

公司目前主要依靠两种合作形式进行运作。第一种是和各行各业的知名品牌合作。聂总列举了公司和汽车品牌玛莎拉蒂的合作。通过这些名牌的影响力，吸引公司的忠实粉丝来店里自主设计品牌的Logo，这样既可以提高公司的知名度，也可以让消费者对这些名牌有了新鲜感。可以说这是一种双赢的合作模式。目前随着品牌影响力的逐渐扩大，越来越多的名牌来公司寻求合作，因为这种体验在市场上是比较独特的。

第二种就是公司跨界与艺术家合作。聂总邀请到许多著名的艺术家，请他们在丝绸面料上进行绘画或者书法等艺术创作。因为面料有别于宣纸，所以这既是艺术家个人的突破，也能对公司宣传起到极大的帮助。艺术家们会有大批追随者，这就给公司带来了经济效益；而且艺术家们会得到媒体的宣传，这样会侧面带动企业的知名度。因此这也是一举两得的合作方式。值得一提的是，公司还运用多种传统手工技艺，其中非遗苏绣与当年宋朝徽宗皇帝所设计的绣花技巧一脉相承，在手工绘图的基础上飞针走线，绣出栩栩如生的华美图案；还有将苗族的蜡染技艺引用到丝织物上，将这种技艺进行发扬与创新。

公司丝绸手工定制体验馆主要致力于复兴中国传统匠艺，是对苏州古城丰富历史底蕴的遥相致敬。它把古老的皇家匠艺赋予现代设计之中,让顾客可以在丝绸这种古老、奢华的面料上,尽情挥洒创意。

在传统丝绸的产品创新上,公司开创性地将植物染料用于丝绸,且通过艺术跨界+与国际大牌合作+与各大博物馆联名来推广公司的各类产品。公司还做了不少公益活动。比如为了提倡环保理念,重新唤醒大家"变废为宝"的意识,在今年8月,苏州、上海的奕欧来店分别做了6场旧衣DIY工坊公益活动,成功地通过零污染草本染色环保模式,让旧衣演绎新的时尚之色,成为独一无二的新衣。

再如,蜡染源于2 000多年前的西汉时代,它以素雅的色调、优美的纹样、丰富的文化内涵著称,发源地主要在贵州的苗族村寨,其采用零污染原生态环保材料的加工方法延续至今。然而,商品化的危机困扰着蜡染作为一门高品味的、独立的艺术样式进行发展。目前手工艺人的老龄化、从业人员寥寥无几、从业人员收入低、少数民族地域的限制等因素,也阻碍了传统蜡染技艺的发展。为了寻找保护蜡染手工艺之路,2017年11月12日,丝情画奕公司携团队与贵州丹寨非遗办、苗族村寨里的蜡染合作社共同开启了保护中国传统蜡染手工艺术的公益项目,同时举行"奕欧来 SILK STUDIO 丝绸手工蜡染艺术"大赛,资助鼓励蜡染手工艺人将蜡染传承下去。除此之外,丝情画奕还举办了一次扎染体验活动。这次活动中,丝巾扎染采用天然生长植物染料,绿色环保,工艺独特。扎染和手绘丝巾的独特是因为世上只此一件。你可以天马行空地描绘,也可以根据举办方提供的花鸟鱼虫、几何图案、可爱人物等图案进行染色。

在创新上,公司采用了当下时兴的一个方案即"联名"。公司与全国各大博物馆联名打造独具文化意蕴的限量版丝巾,将丝绸文化与文物文化完美地结合在一起,相得益彰,同时可以让公司的形象及产品得到更好的推广。

近年来,越来越多的服装品牌开始借助联名款拓展市场。业内分析认为,与知名品牌联名意味着服装品牌有了更大的发展空间,不少品牌甚至通过多方联名打造不一样的个性化产品,从而实现了更加精准的营销策略,吸引了更多年轻消费者。联名款无论是在快时尚领域还是运动领域,都很常见,由于各品牌锁定的客户群体不同,因此有利于全方位地吸引客户。品牌间联名通常需要有共同的品牌理念,品牌方为了增加市场亮点,可以阶段性地推出联名款,但真正主打的还得是自有产品。未来会有更多品牌采取三方联名,品牌的增多意味着消费群体的增大和更加细化,可以更加精准地实施营销策略。

其实,丝情画奕公司活动中最有特色的还是在丝绸上手绘。自古以来,丝绸都被奉为一种高贵的面料。为了增加附加值,人们会在丝绸上绣制一些很精美的图案。然而,丝情画奕公司反其道而行之,让顾客按照自己的想法,跟随自己的心意在丝绸上作画,不管画得美与丑,它们都是值得纪念的作品。2018年的第一场冬雨把姑苏城的雾霾驱散了,苏州奕欧来购物村的秋色还未落幕,Mr.Jean Claude Elgaire(拟任 UICO 主席)、Mr.

Syed Musaddiq(国际金钥匙组织新加坡地区主席)、Mr.Henry Neng(国际金钥匙组织新加坡地区执委成员)、Mr. Michel Fernet(法国奢华酒店经理人协会副主席)等一行莅临，兴致勃勃地在丝绸上大玩了一把手绘艺术。此外，他们邀请了海内外各大书法名家走进上海奕欧来奥特莱斯 Silk Studio 丝情画奕丝绸手工定制体验馆，与顾客进行互动，在丝巾上绘制书法作品，给顾客带来了艺术感的消费体验，让顾客从时尚角度体验了中华传统文化之美。

通过这样的动手绘画活动，拉近企业与顾客之间的距离，让顾客更好地感受丝绸的美与趣，让顾客知道，丝绸不是"老古董"，它是可以"年轻"起来的。"敢为人先"本来就是现代企业需要具备的优秀品质。这种独一无二的气质可以让公司在千千万万同类企业中脱颖而出，这种新颖其实就是一个企业向社会打的隐形广告。

同时，公司与很多国际大牌合作，为它们定制一些特别的面料，从而进一步扩大了这些国际大牌产品的消费市场。然而，加工商服务始终不是一个企业的立根之本，同样的商品，企业获得的加工费可能不到国际大牌销售出去的一成毛利。想要发展壮大，公司必须有自己的品牌。

品牌的定义是什么呢？品牌不仅仅是一种符号结构、一种产品象征，更是企业、产品、社会的文化形态的综合反映和体现；品牌不仅仅是企业的一项产权和消费者的认知度，更是企业、产品与消费者之间关系的载体。品牌的底蕴是文化，品牌的目标是关系。品牌意味着高质量、高信誉、高效益、低成本。品牌的背后就是一个在市场竞争中始终立于不败之地的成功企业。在创牌和扩大品牌覆盖面的过程中，只有通过产品结构的优化、存量资产的盘活、技术含量的提高和科学化的管理，才能使企业不断地发展壮大。由品牌为企业带来效应，它是商业社会中企业价值的延续。在当前品牌先导的商业模式中，品牌意味着商品定位、经营模式、消费族群和利润回报。树立企业品牌需要企业有很强的资源统合能力，将企业本质的一面通过品牌展示给世人。品牌效应是品牌在产品上使用从而为品牌使用者所带来的效益和影响。品牌是商品经济发展到一定阶段的产物，最初的品牌使用是为了便于识别产品，品牌迅速发展是在近代和现代商品经济高度发达的条件下产生的，因为品牌使用给商品生产者带来了巨大的经济和社会效益。企业要有自己的品牌，知名品牌既是企业的无形资产，又是企业形象的代表。品牌意味着给客户提供称心满意的产品，提供热情周到的服务，企业的名称就是信誉的代名词。这就是成功企业家多年来形成的共识。塑造企业理念，要求全体员工"真心为用户着想，至臻至美，给用户以信赖"才行。这一思想集中体现了企业品牌战略的核心内容。建立完善的企业管理制度是品牌战略的基本保证。管理就是为适应市场要求而采取的一套行之有效的方法。丝情画奕公司所做的这些创新活动，正在为它打下良好的品牌基础，有创意、与时俱进的企业一定能赢得市场，越来越强大。

第二节　授课专家概况

聂总的教育和工作经历：在苏州大学完成本科、硕士和博士学业,本科和硕士阶段攻读工艺设计专业,博士阶段攻读纺织品设计专业(在职);硕士毕业后,他在苏州丝绸博物馆工作八年,主要从事丝绸面料修复工作,对古代纺织品进行维修和复原。为了将丝绸更好地推向大众,让更多的人了解它的制作过程,甚至可以自己动手进行丝绸产品的制作,他决定离开苏州丝绸博物馆,创办了丝情画奕公司。

在公司创业过程中,聂总遇到了很多困难和挑战,他不断地解决问题,继续前进。比如采用苗族的蜡染时,对于工业蜡温度过高会使丝绸制品产生不可回复的收缩问题,公司选用了温度较低的蜂蜜蜡;对于丙烯类染料因有涂层和胶不适用于丝绸的问题,公司选用了处理后的水溶性染料等。但是,最大的挑战还是团队的组建和协作。因为创业初期没有经验,团队之间也不够默契,所以需要不断地磨合和调整,进而明确各自的分工,并使团队形成凝聚力和向心力。幸运的是,聂总把这些关系都处理得很好,使得公司健康发展至今,并逐步发展壮大。

第三节　授课内容介绍及评述

丝,世间罕物,妖娆多姿,乃天地之杰作、自然之瑰宝。众所周知,丝绸在中国有几千年的历史,根据史料记载,可以追溯到黄帝时期。在这几千年的传承中,丝绸的地位不断上升。在古代,丝绸始终是达官贵人们的服饰,象征了典雅奢华的不凡品味。在大唐时期,丝绸发展达到一个顶峰,无论产量、质量和品种,都达到了前所未有的水平。同时,丝绸的对外贸易得到巨大的发展,不但"丝绸之路"的通道增加为三条,而且贸易的频繁程度空前高涨。丝绸的生产和贸易为唐代的繁荣做出了巨大的贡献。海上"丝绸之路"也在这一时期兴起,丝绸产品通过东海航线和南海航线,分别输往朝鲜半岛、日本和东南亚、印度,乃至由阿拉伯商人传播到欧洲。但是近代由于中国在战乱中沉沦,我们的丝绸技术急剧下滑,被西方及日本超越。现代随着中国的崛起,我们势必要夺回以前"丝绸强国"的美誉。

丝绸起源于中国,我国拥有五千多年的丝绸制作工艺。丝绸是一种舒适健康、高贵典雅的面料,同时承载着深厚的文化积淀。丝绸文化是人们在蚕桑生产和生活实践中物质文明和精神文明的总和,形态各异。丝绸产品柔软光滑,作为一种纯天然织物,为人们所喜爱。苏绣闻名天下，其丝绸文化是苏州城市文化形象的一部分。这次讲座荣幸邀请到苏州大学的聂开伟教授，他在苏州丝绸博物馆工作了八年，在读博期间自主创业，创办了一个属于自己的丝绸品牌"丝情画奕"。其创业意向的来源与其多年的工作经验和心得有关，一个好的想法来自于实践体会。

自古以来，丝绸便承载了勤劳智慧、心灵手巧的中华传统美德，象征着典雅奢华的不凡品味。从甲骨文中的桑蚕丝绵到养蚕房中的养蚕过程，众所周知，丝绸的制作要经历缫丝→织造→染整等工艺流程。丝情画奕手工定制体验馆给予顾客现场养蚕、结茧的体验，这种独特的方式既可以拉近企业和顾客的距离，也可以让顾客在购买的同时体会到乐趣和意义，将传统的物质文化重新利用更是对我们传统丝绸手工艺制作的传承。除养蚕结茧的体验外，丝情画奕手工定制体验馆还设有传统手工缫丝体验和传统手工织绸体验。通过这样的方式，让顾客了解到每一平方米的丝绸是经历了怎样的过程才最终呈现在眼前的。这样的体验模式可以让顾客群体不仅仅局限在女性群体，更可以发展到家里的孩子和对传统手工艺感兴趣的人群。

丝绸柔滑秀美、高贵典雅，堪称中国风尚的最佳载体之一。丝情画奕丝绸手工定制体验馆致力于复兴中国传统匠艺，把神秘动人的丝绸历史与宝贵的文化传承再次呈现在世人面前，表达的是对苏州古城丰富历史底蕴的遥相致敬。

聂总的讲座主要从三个方面展开：丝绸的传统与现代体验模式、传统丝绸产品与创新、丝绸销售的跨界合作。

一、丝绸的传统与现代体验模式

丝绸是中国历代用桑蚕丝作为主要原料制作的织物。它富有光泽、手感滑爽、轻柔舒适，是高级服饰用料。中国是利用桑蚕丝织绸最早的国家，自古即以"丝国"闻名于世。现代已有多种化纤用于织造绸类产品，但中国传统丝绸仍受各国人民的欢迎。

中国传统丝绸考古发现：浙江余姚河姆渡文化遗存中有雕蚕形虫文的象牙盅；山西夏县西阴村仰韶文化遗存中有半个用锐器割裂的蚕茧；浙江吴兴钱山漾文化遗存中有平织丝织物和丝带、丝线，其线由十多根家蚕单丝捻成。这证明中国传统丝绸的生产不晚于新石器时代。

商代卜辞中有不少"桑""蚕""丝""帛"等字，殷墟出土的铜器上常有细纹遗痕，《管子》称桀之时"薄之游女工文绣"，可知夏商时期已有纹织物。西周郑、卫、齐、鲁、秦、楚、越等国均有丝织记载。《诗经》中屡见"锦"字，锦属色彩织物。另外，出土周器中常见绮纹痕迹，绮属斜纹织物。至春秋战国，丝绸进一步发展，形成齐鲁、陈留、襄邑等丝织中心，南方楚、越两国丝织也盛。绮、锦之外，纱、縠、罗等轻薄织物均已出现。

汉代丝绸有较大发展，复杂的提花织机已基本定型。唐宋丝绸进一步发展。明清丝绸产销达于鼎盛。植桑进一步矮株化、园林化,二蚕、三蚕丝亦大量用于织造,产量日增。这时丝绸不仅为贵富所用,商人士子也已衣锦衾绸。

中国传统丝绸的生产技术经历了原始手工缫织、手工机器形成和手工机器工艺发展三个阶段。

原始手工缫织约在夏代以前(前21世纪以前)。最早是采集野蚕茧,利用简单工具抽丝织绸,后来逐步发展为人工放养和采叶饲蚕。织绸由"手经指挂"演变出一物多用的复合工具;织品渐趋精细,有的还织出花纹,并施以色彩。

手工机器形成大约在夏、商、周三代(前21世纪至前2世纪)。复合工具经过长期酝酿,演变成以缫车、斜机为代表的利用人力作为动力的手工机器,劳动生产率大幅提高。劳动者逐步专业化,手艺日趋精湛,产品的艺术性提高,并且大量成为商品。产品规格也逐步有了从粗放到细致的公定标准。织纹有平纹、斜纹和各种变化组织。多样化的组织加上丰富的色彩,使丝绸成为高级服饰材料。

手工机器工艺发展自秦汉至清共2 000余年。织机有了平织和提花两大类。提花机又分为多综多蹑(踏板)和线综牵吊两种形式。汉以后,除织机专用化外,主要是织造工艺学的发展,其重点如下:

(1)织物组织。丝绸的织纹至唐代已由变化斜纹演变出正规的缎纹,从而使织物组织学上的三原组织(平纹、斜纹、缎纹)臻于完备。

(2)显花。用彩色丝线织造出花卉、人物等图案,叫作显花。六朝以前,大都以彩色经丝浮在表面构成图案,即经显花。

(3)挑花。至汉代,开始出现在地经、地纬的基础上用彩色纹纬按花卉、鸟兽等图案织出花型的"织成",即挑花。

(4)织绒。在织物表面用细小线圈或竖立茸毛构成图案,称为花绒。

(5)印花染花。汉代已有三套色型版印花。到唐代,发展出多色套印和多种防染印花技术。用镂空版双面夹住丝织物,镂空处涂以色浆成花,称为夹缬。用笔蘸蜡在织物上手绘图案,染后用沸水去蜡,形成色地白花,称为蜡缬。

以蚕丝为主要原料的丝绸产品,拥有很悠久的历史文化背景,以其卓越的品质、精美的色泽和丰富的文化内涵闻名于世。几千年前,丝绸从长安(今西安)沿着"丝绸之路"传播到欧洲,所带去的不仅是一件件华服、饰品,更是东方古老灿烂的文明。从那时起,丝绸就成为东方文明的传播者和象征。聂总提到一点,丝绸制品在元代时大部分供官吏使用,由于庞大的官营织造体系的垄断,丝绸渐渐成为富贵的象征,老百姓很难企及。现在,丝情画奕服饰有限公司虽然在走中高档产品的定制及绘染服饰的路线,但也期望能将公司的产品普及到老百姓,能让更多的人了解中国丝绸的文化,享受丝绸产品的舒适体验。

因为丝情画奕品牌建立在蚕丝发展历史的基础上,所以聂总首先介绍丝绸制作手工艺。从甲骨文中的桑、蚕、丝、帛等,到各朝各代的丝绸发展,我们了解了传承5 000多年的中国丝绸的变迁。丝情画奕立足于传统丝绸工艺,通过现场养蚕和采茧、传统手工织绸、传统手工缫丝等体验方式,让客户亲身体验从养蚕到丝绸的全过程,拉近了公司与客户的距离。除此之外,丝情画奕还通过数字化的模式对养蚕到丝绸的过程进行更加清楚的表达,比如14平方米的桑园、45个日夜的喂养、600个蚕宝宝、15 000克桑叶、600粒蚕茧、720 000米丝线、1平方米丝绸面料等,使得客户对丝绸产品有更深入的了解。

二、传统丝绸的产品与创新

(1) 复兴"草木染"艺术

"草木染"艺术指的是传统的采用植物染料染色的技术。植物染料染色是指利用自然界中的花、草、树木、茎、叶、果实、种子、皮、根,从中提取色素作为染料的一种染色工艺。

植物染料始于中国。周代已有相关记载,设有管理染色的官职——染草之官(又称"染人")。秦代设有染色司,唐宋设有染院,明清设有蓝靛所等机构。从大自然的植物中萃取色素,将青、黄、赤、白、黑称为五色,再将五色混合得到其他的颜色。日本古代染色中有名的草木染亦是如此。利用植物染料是中国古代染色工艺的主流。自周秦以来的各个时期,生产和消费的植物染料数量相当大。明清时期,除满足中国自己的需要外,开始大量出口,利用红花制成的胭脂绵输送到日本的数量更加可观。

随着染色工艺技术的不断提高和发展,我国古代用植物染料染出的纺织品颜色不断丰富。有人曾对吐鲁番出土的唐代丝织物做过色谱分析,共有24种颜色,其中:红色有银红、水红、猩红、绛红、绛紫;黄色有鹅黄、菊黄、杏黄、金黄、土黄、茶褐;青色和蓝色有蛋青、天青、翠蓝、宝蓝、赤青、藏青;绿色有胡绿、豆绿、叶绿、果绿、墨绿等。

到明清时期,我国的染料应用技术已经达到相当的水平,染坊也有了很大的发展。乾隆时期,有人这样描绘上海的染坊:"染工有蓝坊,染天青、淡青、月下白;有红坊,染大红、露桃红;有漂坊,染黄、白;有杂色坊,染黄、绿、黑、紫、虾、青、佛面金等。"此外,比较复杂的印花技术也有了发展。至1834年法国的佩罗印花机发明以前,我国一直拥有世界上最发达的手工印染技术。

20世纪初,化学合成染料问世,因合成染料优异的染色性能、众多的品种和较低的成本,植物染料逐渐退出染料市场。但近年来,随着环保意识的增强,人们又逐渐认识到化学合成染料会对人体的健康和环境产生严重的损害和破坏,于是植物染料重新受到关注。

天然植物染料特别适合应用于开发高附加值的绿色丝绸产品,用天然染料染色的织物,其发展前景非常看好。

(2) 利用苗族民间手工艺,完成蜡染从棉布到丝绸的推广

苗族是我国最为古老的民族之一,其历史要追溯到上古时代的九黎和三苗部落。苗族人民有着自己丰富多彩的民族文化和民间工艺美术技艺,其中的蜡染艺术作品和蜡染旅游工艺品在整个染织美术界久负盛名、独放异彩。2006年5月20日,苗族蜡染技艺经国务院批准列入第一批国家级非物质文化遗产名录。

蜡染,古称蜡缬,与绞缬(扎染)、夹缬(镂空印花)并称为我国古代三大印花技艺。苗族蜡染有着悠久的历史。后汉书上有西南夷"知染彩纹绣"的记载,这说明至少在汉代,西南少数民族已经掌握染、织、绣的技能。制作蜡染,是将白布平铺,用小锅加温溶解蜂蜡,再用蜡刀蘸蜡汁画在布上。一般不打草稿,只凭构思绘画,所绘花鸟虫鱼惟妙惟肖、栩栩如生。画好之后放入染缸浸染,染好再捞出用清水煮沸,蜡溶化后就显现出白色花纹。蜡染的灵魂是"冰纹",这是一种因蜡块折叠进裂而导致染料不均匀渗透所产生的染纹,是一种带有抽象色彩的图案纹理。

在苗族蜡染中,最具代表性的是贵州丹寨、黄平、安顺、榕江苗族的蜡染。丹寨苗族蜡染风格古朴、粗犷、奔放,面积大的较多,纹样一般是动植物的变形,多以变形的花鸟鱼虫为主体,显得既抽象又不失具象。丹寨蜡染除大量用于服饰外,还用于被面、垫单、帐沿和包袱布等生活用品,以及民俗活动。丹寨苗族祭祖时,要穿特制的蜡染衣,叫"祭祖衣"。在2013年举行的一次祭祖活动——牯脏节上,苗族人要挑起数丈长的幡,其上装饰着蜡染的纹样,多为龙纹,它向人们昭示了苗族的龙图腾崇拜。苗族的龙纹与汉族不同,苗族的龙纹无尖利的爪和牙,形式优美,观之可亲。黄平苗族蜡染工整、细密、精致,构图严谨,一般面积较小。

丝绸产品制作算是丝情画奕的一个特色,通过完全还原原始的丝绸织造设备来供消费者体验。第一是体验丝绸的生产过程——经缫丝由蚕茧上抽出茧丝,成为织绸原料。消费者能亲身体验到一颗蚕茧可抽出1 000多米长的茧丝,再由若干茧丝合并成生丝的过程,其中的乐趣会让消费者对丝绸有进一步的了解,让更多的人对中国传统丝绸面料产生更加浓厚的兴趣。第二是在丝绸上绘制图案的体验。由于蚕丝织物自身的珠光白及织造后色泽的还原度高,所以其坯绸显现出大面积的白色可用于绘染设计。由于蚕丝属于蛋白质纤维,不耐碱,染色加工适宜在酸性或接近中性的染液中进行,所以体验用颜料或染料都是丝情画奕公司特制的绘染染料。这一体验让消费者产生了这个产品与自己的联系更多的情感,也让该产品成为世上"独一无二"的作品。

创新,就是超越传统丝绸产品的概念。在人们的固有印象里,丝绸比较娇贵,比如只能手洗、怕晒、不能使用化学试剂等。基于此,丝情画奕复兴了草木染技术,创新丝绸产品。草木染区别于化学染料染色,它不会产生有害废水或其他工业污染,符合现代社会

对绿色环保的要求。丝情画奕在创新工艺的同时,也在不断地发展丝绸文化,将苗族蜡染和苏绣等融入丝绸产品,以达到更高层次的推广。不管是手绘丝巾互动体验、博物馆馆藏丝巾联名,还是艺术家定制,丝情画奕都在不断地进行传统文化的表达,提高人们对中国丝绸的认知。

三、丝绸销售的跨界合作与品牌创建

这里合作指的就是艺术跨界和与国际大牌合作。所谓艺术跨界,就是采用新材料,以及与艺术家合作。丝情画奕采用超越传统丝绸产品的概念和全新的高端丝绸体验模式,通过与玛莎拉蒂、法拉利、阿玛尼、古驰等国际大牌的合作,借助已经有一定知名度和影响力的平台,推广自己的产品,同时又凸显出丝绸的体验感和纪念意义。另外,丝情画奕将油画、版画、国画、漆画等艺术与丝绸结合,通过博览会、文化展会等形式,邀请知名人士乃至外国友人参与体验,以达到名人推广效应。不管是上海顾绣与海派旗袍的结合,还是苏绣手工艺的传承,丝情画奕的产品都具有脉络渊源,都是结合当地文化来进行开展的,它们不仅是艺术品,更是适用于生活的舒适家居品。

丝情画奕想做的是丝绸艺术品,而不是丝绸商品。目前,丝情画奕只做实体店销售,并未参与电商销售。近年来,随着人工、房租、货物成本的上升,丝情画奕正在寻找新的销售模式。在未来的五年到十年之间,丝情画奕会在线上平台推广。目前,人工智能(AI)所受的关注度比较高,丝情画奕也在这个方向上寻找突破,希望可以开发出功能性产品,将市场运作与体验相结合,形成远距离、远程定制的产品营销模式。

经营一个丝绸品牌不可避免地要谈到产品,而做出产品是十分关键的一步。丝情画奕产品的独特之处在于:第一,拉近顾客的亲切感,将其拉回古代慢生活之中;第二,提高产品的创新与设计;第三,提供多类型的手工体验活动,如手绘艺术丝巾,避免数码印花产品的缺点。这三点具体地来说,就是增加像手绘艺术丝巾这类手绘活动的次数,让顾客带着家人一起来体验传统丝绸的奥妙,孩子们可以在丝巾上用特制的颜料绘出一幅幅美丽的图案。一般来说,一条简单的手绘艺术丝巾的整个制造过程,从手绘到成品,只需要2个多小时。这样既增加了产品图案的丰富度,又提高了顾客满意度,在品牌与客户之间建立信任感,提升了彼此的亲切感,让顾客返璞归真,脱离平日忙碌的快节奏生活的压力,回归慢生活的闲适。第四点,将丝巾与古典艺术结合起来。例如,公司有一款热卖的产品,它是将敦煌莫高窟的壁画绣于丝绸上,将文化与艺术相融合而形成的,既可以当作一份高雅的礼物赠予他人,也能保存经典艺术品。

从传统丝绸的产品创新上看,传统的商业模式和营销方式固然要继承、要发展,但更要有创新的思想,突破传统束缚。近几年来,许多企业都在探索适合丝绸产品特点的营销方式,除了专卖店、店中店等形式外,还出现了一些新形式,就是把丝绸文化和丝绸商

业结合起来,为知名丝绸企业的产品搭建了商业销售平台。苏州作为世界绸都,其目标是为国内一流丝绸企业、一流丝绸设计、一流丝绸产品建设集中的销售平台,苏州及周围广大区域的消费者,要买货真价实的丝绸产品,可以来这里选择。

超越传统丝绸产品概念,数码印花定制的生产周期一般在2到3个月,而丝情画奕公司的丝绸生产,快则1个小时,慢则3个月。苏州的刺绣作为一种非物质文化遗产,其工艺繁复,绣工完成一件定制绣品大约需要15天。政府在加大力度培养苏绣的传承者,培养熟悉丝绸文化的设计人才。目前,丝绸技术人员特别是设计人员严重短缺,影响了丝绸产品的开发设计和创新。已有的设计人员由于长期得不到培训交流机会,对于中华民族深厚文化和西方设计思想融为一体形成的独具特色的丝绸产品,已很难理解、继承并发扬。丝情画奕品牌的丝绸产品大多数采用手工刺绣,需要更多优秀的绣工来保证绣品的质量和价值,同时公司也需要加大品牌建设创新力度。聂总提到,品牌建设除更多地考虑外观、服务、品牌内涵外,更要注重产品设计等软性创新环节的投入,增强名牌产品核心竞争力。因此,提高自主研发创新和产品设计能力,引进先进技术和关键设备,提高出口名牌产品的技术含量和附加值,一直是丝情画奕品牌的宗旨。

复兴草木染艺术,创新丝绸新产品。公司利用自然界的花、草、树木、茎、叶、种子、果实等进行植物染的研究与创作,融入生活之中。这有别于化学染料,植物染料是经过特殊处理的染料,也是一种特殊的水溶性染料,不会产生对大自然环境和人体健康有害的废水,或者其他工业污染。在体验馆里,公司给顾客提供植物染料,让他们参与丝绸的草木染工艺过程,体验1小时,让顾客在享受美丽的颜色中回归自然和环境保护,获得"世上只此一种"的体验模式,由此牢牢地把握住顾客的心理,拉近公司与顾客之间的亲近感。

要买货真价实的丝绸产品,可以来体验馆选择;要感受丝绸手绘的乐趣,可以来体验馆亲身参与。工科和硕士攻读艺术设计专业,博士攻读纺织品设计专业,以及硕士毕业后在苏州丝绸博物馆修复古代丝绸的八年工作经历,无疑是聂总创业的坚实基础。作为一个好老板,不仅要有大格局、大思想,也要善于构筑新型营销格局。我国近几年提倡丝绸企业积极"走出去",开展国际化经营,逐步向建立起国际化的研发、生产、销售和服务体系的目标推进,建立自主的国际营销渠道,直接进入终端目标市场。作为企业的领导人,要及时了解和掌握第一手市场信息资料,把握良好的市场营销格局,拥有快速的市场反应机制,这些都对推动品牌战略起到极大的促进作用。善于充分结合地域文化和丝绸文化,提升品牌价值。

在创业的过程中,机遇与挑战并存。在解答同学们疑问的同时,聂教授告诉大家,一个好的团队对于创业来说至关重要,组建一个优秀的团队不容易,他们团队需要有想法有创新头脑的年轻人加入进来。其接下来面临的一个问题是:将AI与丝绸结合,在市场上加大推广品牌,目前市场上缺乏一个享誉全球的中国丝绸品牌。人们对丝绸的消费认知单一,我们需要给丝绸一个全新的消费理念。千百年来,人们对丝绸产品的思维定势是以穿着为主,且仅能在夏季使用。我们要传递新的丝绸消费观念:一年四季都可以穿丝绸、用丝绸。丝绸及其衍生产品已经从服装扩展到床上用品,以及装饰、食用、保健和美容等领域,很多新的工艺和新的产品甚至彻底颠覆了人们对丝绸的固有印象。正如蚕丝被及床上用品已开始被更多的百姓认识和选用,甚至作为衡量生活质量是否提高的标志。每个行业最终都会产生一批领军品牌,领军品牌的出现将代表行业发展的水平和技术的发展高度,其出现才会获得普遍的认可和尊重。

创业之路的每一步都很艰难,但是只有打造有特色、质量好的丝绸品牌,中国的丝绸品牌才会越走越远。正如英国的一些小作坊一样,他们追求将其中一个环节做到最好,达到无可替代的地步,为各种奢侈品牌提供原料。这正是创新的重要体现,丝绸也是如此。加强新品精品的开发和创新。要应用世界先进的高新技术改造传统产业,重视丝绸材料的创新,不断设计开发新品种、新面料,为消费者提供更新更精更美的产品,满足消费者对高档丝绸的消费需求。同时,也要推进桑蚕茧丝绸的综合利用开发,让桑蚕茧丝绸在医疗、保健、美容等方面的特殊功能得到充分的开发利用。

打造一个丝绸品牌不简单。从产品开发到产品销售,从品牌宣传到渠道创新,每一步都很艰难。树立一个世界瞩目的丝绸品牌是所有中国丝绸商的目标,作为文化的传承,也是中国影响力的深远见证。以前对丝绸的了解都很片面,但通过这次讲座,同学们体会到了其背后深厚的文化底蕴和内涵,也了解到了丝绸的乐趣,受益匪浅。

第四节　专家与学生互动

在互动环节,一位同学提了一个问题,这也是其他同学都想了解的问题:"聂总,贵公司是一个成功的创业案例,能给我们分享您创业的第一步和最重要的部分吗?"

聂总做了概述性的回答:第一是"文化",关于创业内容,必须有足够的文化基础,没有文化积淀的事业是难以长久的。这就是为什么每个企业必须有自己的企业文化。聂总在苏州丝绸博物馆学习、工作,为丝情画奕品牌的创立打下了牢固的基础。第二是"团队"。这是许多人不会考虑,而细思后每个人都会频频点头的因素。每位创业者都不可能凭一己之力完成所有的工作,打下所有的基础,所以必须有分工,必须有合作,而合作的成功与否就取决于团队。

听完讲座后,同学们思考了以下问题:

(1) 丝情画奕品牌整体服务于高端服装,如果要让更多人了解、接触丝绸产品,如何降低成本,进而降低售价,吸引普通消费者购买和体验?

(2) 是否可将AI或者互联网与丝绸制品进行结合?

(3) 品牌效应虽有弊端,但也是必不可少的,是否设计一个国际化的Logo,让人们对品牌更加印象深刻?

第五节　部分学生体会与感受

张麟丽： 从专家的讲述中,我体会到没有一个人的成功是偶然的。专家的成功源于他之前在苏州丝绸博物馆,以及为创业所做的各项准备工作的经验积累。一个人的成功不可复制,但他在成功道路上所付出的努力,值得我们思考和学习。

现如今,作为研究生的我们,在学习和科研的过程中总是机械性地工作,自己动脑思考少,更没有刨根问底的精神。除此之外,我最大的感受是我们的知识面太狭窄,缺少对相关知识和产业的了解,认知也局限于书本和老师的介绍,实习经历更是少之又少。虽然身为纺织工程专业的学生,但在专家的讲解过程中,我们仍有许多模棱两可甚至知识盲点的地方。这说明我们对所学知识了解、掌握得不够深刻,学艺不精。我们应扩大阅读量,多参与和专业及所学知识相关的展会、报告会,尽量多地了解最新的研究方向和市场情况。令我深为感动的一点是,丝情画奕这个品牌在意的不仅仅是盈利,它将传统手工艺发扬光大,在自我传承的同时也呼吁大家保护我国的非遗,这不仅具有商业价值,更具有深远的社会意义。最后,聂总提到了他认为创业中最宝贵的特质——坚持。我认为我们最需要学习的也是坚持,坚持自己想做的,并刻苦钻研、努力创新,朝着心中的目标不断前进。

王守明： 在专家的介绍中,有一点让我记忆犹新,就是有同学问创业之路最难的地方在哪?专家说让他感到最难的事情是创业的团队组建。万事开头难。组建一支出色的团队,这是对创业者而言最重要的事情,因为这直接决定了未来公司的生命力。如果这个团队成员都向着一个共同目标前进,那么做起事情来就会事半功倍。但是如果在创业过程中,成员团员之间产生分歧,不能及时解决,那么对公司发展就非常不利。这让我联想到我暑期实习的一家公司,它是由一群十年之前从东华毕业的同窗共同创立的。在我实习的两个月时间里,我感受最深的是公司的氛围很好。之前我在优衣库的店铺做过实习生,可能因为当时实习生太多而且上班时间不固定,我的感觉是大家很少能有效沟通,做起事情来有点混乱。然而在暑期实习的这家公司里,每个人之间沟通时不会有上下级之间的压迫感,这可能与创业者十几年的友谊有关,有几位在大学期间还是室友。所以我认为他们早就彼此了解,也知道如何进行沟通,这样确实能有效提高效率。有一次我跟着去和一家日本公司谈合作,会议结束之后,对方的老总也对这家企业的创始人团队之间十分默契感到敬佩。所以专家说到团队,给我的启发就是如果未来走上创业的道路,应该多交一些好朋友,最好是各个行业的,大家志同道合。

最后谈谈这次讲座给我带来的思考。我对专家公司的运营模式印象深刻。关于品牌与品牌之间的合作,之前有所耳闻,衣服的联名款也很常见。但是对于这种合作,我一直有个疑惑,就是作为一家初创的小公司,为什么那些大牌愿意合作?专家在课后解开了我的心结。他说现在的企业越来越重视产品的质量,只有先把自己做好,在你一炮而红之后,自然会有越来越多的大牌主动找上门来,所以首先要确保自己的产品质量过关。公司的第二种模式打开了我的视野,原来还可以这样玩。产品面向消费者,在现在这个越来越激烈的市场上,如何引起消费者注意是最大的难点。将产品进行艺术包装,每个公司都会做。但是直接联合艺术大家进行创作,这还是很新颖的。通过最近的讲座,以及一些自己的实习经历,我发现每个公司都有一套自己的经营模式,甚至千变万化。我想这是我未来应该认真思考、研究的地方,总结其中的奥秘,相信对我自己将来走上创业的道路大有帮助。

还想说一说该公司把非遗或者一些将要失传的传统技艺再利用,这也是一大亮点。苏绣就不必多说了,这个应用还是蛮常见的。但是问题在于专家提到的出现了断代问题,现在很少有年轻人愿意去学这样的技艺,而机械又不能替代,这就需要企业或者与政府共同努力。我想着重说一下他们将贵州大山深处的苗族蜡染带到大都市,将它创新,增加了它的价值。记得专家一开始讲到在丝绸上运用蜡染,我还有所疑惑,因为在我们之前的学习中,蜡染的上蜡需要高温环境,这会对丝织物产生不良影响。后来在跟聂总交流后得知,他们使用的是最古老的蜂蜜蜡,而不是现在工业上常用的工业蜡。蜂蜜蜡的熔点相对较低,对丝织物不会产生影响,这就是祖先留给我们的智慧财富。不得不说,这点很触动我,又是一次在学校的固有知识束缚了我们,所以以后我们遇到问题,或者到生活中去,真的需要多去尝试,不要一直在现有的知识框架下。有时候,跳出来,问题也许就迎刃而解了。还有就是苗族的传统蜡染只是将白布加工成靛蓝,而他们公司尝试了多种色彩,结果显示都可行,这也让消费者耳目一新。蜡染本身是一项很好的技艺,在经过多种尝试之后,可以让它发挥更大的作用。中国有很多传统工艺都在民间,如果我们不把它们带入市场,其实很难让大家知道它们的存在。专家给了我们启发,把这些资源有效地整合起来。非遗也同样如此,不能简简单单地把它们当作文物,任它们躺在博物馆。我们应该想想如何挖掘它们的价值,让大众更好地了解我们的文化,这样才能让它们活过来。

最后说一点就是关于品牌,我发现中国企业现在也越来越多地开始做品牌,这应该是一种趋势。我们已经从以前只负责帮外国公司做代加工,转型做起了属于中国的民族品牌。这是好的思路,随着我们国家的地位不断提升,相信我们的品牌在世界上也会得到越来越多的关注与认可。这一点与之前的专家意见一致,看来是英雄所见略同。奢侈品服装大牌的质量,中国早就能够做到,甚至可以赶超。但是,我们的许多产品却卖不出同样的价格,这就是品牌带来的巨大效益。我还认为品牌需要的一定时间积累与沉淀。相信现在的企业是在为我们这样的九五后打基础。就像国外的大牌,它们大部分是百年企业拥有的。只有基础打扎实,然后一步步地发展,坚定不移地走下去,这样经过十几年,中国品牌才能享誉全球。

谢章婷:"现代纺织企业精英实践案例解析"这门课让我认识了许多纺织企业家,他们给我们带来了企业背后的故事,以及他们自己的故事。每个人的故事都很精彩。这些故事让我意识到,要创立一个企业并将它经营下去,是非常不容易的。一个企业的成功离不开这个企业里团结协作的全体员工,更离不开这些苦心经营的企业家。这些企业家就是整个企业的大树,从企业创办伊始,他们便在那深深地扎下了根,不管企业是成是败、是兴是衰,他们都屹立在那,保护着企业的根基。

本次讲座专家给我们带来的报告,极大地激发了我自主创业的热情。我们正值青春年少,应该多闯一闯。虽然创业可能会遇到各种挫折,比如融资难、经验不足、缺乏市场意识及缺乏管理、法律和风险投资知识,但我们总是可以克服的。近年来为支持大学生创业,国家和各级政府出台了许多优惠政策,涉及融资、开业、税收、创业培训、创业指导等诸多方面。有了这些帮助,作为年轻一代的我们,更应大胆地去创业,为我们的未来,为中国的未来,开创一片新天地。

谈敏:通过专家的分享,我学习到了很多课本上学不到的知识,受益匪浅。在当今社会,人们的审美在不断地变化。为了迎合消费者的需要,我们要不断地调整产品方向。比如用传统文化结合当前流行色调,开发出符合现代审美的产品。品牌的运作过程肯定不是一帆风顺的,在市场、理念、团队、方向等方面,都会遇到很多困难,面对不同的消费者和顾客群,也肯定会受到挑剔、质疑和不理解。面对这些质疑,我们需要做的是不断精进自己的技术。在创新的同时,脚踏实地,走好每一步。只要你的产品足够优秀,足够新颖,足够受欢迎,那么就会有大牌主动和你合作,你的机会自然就会来。面对困难和挫折,我们要保持好自己的心态。压力一定会有,但是我们要化压力为动力,勇于面对,并积极乐观地应对,只有这样,我们才会战胜困难,取得成功。

除此之外,目前丝绸行业还有许多没有解决的问题,比如手工绣的成本高、耗时长、技艺缺乏传承;机绣的仿真性很高,使市场上的手工绣产品不占优势;爱马仕、迪奥、香奈儿等品牌的产品知名度高,国内丝绸产品不具备竞争优势等。这些都有待将来进一步优化、解决,使企业和品牌更加成功。

吴加会:本周,老师请来了丝情画奕丝绸手工定制体验馆的创始者聂总,他给我们分享了自己的工作经验,让我们了解到很多丝绸的工艺、文化及创建公司遇到的困难,令我们大开眼界。

聂总主要从两个方面与我们进行分享。第一个方面,聂总给我们介绍了他们公司的一些基本情况。Silk Studio 丝情画奕丝绸手工定制体验馆致力于复兴中国传统技艺,这是对苏州古城丰富历史底蕴的致敬。它把古老的皇家匠艺赋予现代设计,让来客可以在丝绸这种古老、奢华的面料上,尽情挥洒创意。值得一提的是,公司所用的技艺,与当年宋朝徽宗皇帝所设立的绣画技巧一脉相承,在手工绘图的基础上飞针走线,绣制出栩栩如生的华美图案。聂总分享了公司的好多产品,有蜡染、苏绣等传统工艺相结合的产品,高贵、大气。丝情画奕丝绸手工定制体验馆除了制作高级丝绸产品以外,还为顾客提供自我体验的机会。公司选用纯天然植物、矿物染料,让顾客在丝织物上挥洒创意,定制具备顾客个性的真丝饰品,获得"世上只此一件"的体验成就。

第二个方面,聂总给我们分享了他创业过程中遇到的难题及公司发展的业务,充分展示了一位创业者成功的创业经历。在苏州丝绸博物馆工作八年之后,聂总决定创业,打造了自己的团队,创建了自己的品牌。在创业过程中,聂总说他遇到了一些难题,公司该如何运营？品牌该如何宣传？如何吸引消费者？自身的品牌价值表现在哪些方面？这些难题都需要一一克服。在快时尚品牌充斥市场的情况下,传统工艺产品的市场占额是非常小的,这既是优点,也是缺点：一方面,消费者的目光都被快时尚品牌吸引,他们会忽略传统的丝绸工艺；另一方面,传统工艺比较容易脱颖而出,形成自身与众不同的产品理念。所以品牌宣传显得至关重要,要让消费者看到它,充分了解它,消费者才会被它吸引。聂总讲了他们进行品牌宣传的一些方法,如与一些大型企业进行合作,为企业的员工提供一个真实的自己制作丝绸产品的体验过程。我认为这是很好的宣传手段,利用消费者宣传自己。我们知道,消费者的观点是很容易被其他消费者理解和消化的,这和我们从淘宝上购买商品之前看评价是一个道理,值得借鉴。产品一定要有自己的特点与价值。聂总说他们遇到的最大问题是"凭什么你们的产品卖得那么贵",他们公司的产品基本上是纯手工制作的,利用高品质的丝绸、传统的苗族蜡染、苏绣等工艺,再和莫高窟壁画、旗袍等图案结合,产品最重要的是唯一性,他们的产品都是量身打造的,数量极少,有的产品甚至只有一件,这些就是产品的自身价值,也是产品的"卖点"。

从专家的创业经历与创业过程中,我从以下方面进行了思考：

(1) 专业知识一定要牢靠

在创业之前,聂总在苏州丝绸博物馆工作了好多年,长久的工作经历与学习提升了自身的知识储备,以及对丝绸制品的认识,充分了解到丝绸的各种加工工艺,以及对传统的图案、修饰手法的认识,这无疑是创业的自信来源。只有自己的专业知识非常深厚,才会想着去创新,去创造。因此,作为学生,我们应该回归学生的本职任务,利用好现在的资源,不断地增加自身的知识储备,为未来的工作打下夯实的基础。

(2) 学会团队合作

不论是工作还是创业,一个和谐、合作的团体都是至关重要的。一滴水只有放进大海里,才永远不会干涸。一个人只有当他把自己和集体事业融合在一起的时候,才最有力量。专家说在创业过程中最重要的就是团队合作,而他能够成功的原因就在于他们的团队很和谐、很努力,有共同的目标并为之共同奋斗。这让我认识到合作的重要性。在日常的生活中,我们可以加强与同学的合作与交流,加强与导师的联系与沟通等。

(3) 如何进行品牌营销

从专家的分享中,我学会了品牌营销的几种方式:

① 与国际大牌合作,提高品牌的档次地位。

② 与知名企业合作,利用消费者的良好体验进行宣传。

③ 学会创新,在丝织物上结合多种工艺,创造出独具风格的产品,提高产品本身的价值与吸引力。

本次案例分析课程让我充分了解到一个创业者的创业过程。不论是专家的工作经历,还是创业过程可能会遇到的困难,都让我学到了很多。虽然以后不一定会选择创业,但是让我很真实地认识到自身的能力、团队的合作等,都是我们需要重点关注,并且值得不断提升的部分。人要有梦想有追求并为之努力奋斗,奋斗的人生才是幸福的人生。

夏雪: 听了专家的报告,几点感受如下:

关于刺绣等工艺的传承。现代科技比较发达,大部分都是机绣,很少有人工刺绣的。但是机绣永远超不过手工绣,因为手工绣可以根据纺织品的不同性能,采用不同种类的刺绣方法。然而,现在很少有人学习手工刺绣。希望可以通过调整工资或职位等方法,鼓励大家学习手工刺绣,从而把我们和刺绣相关的技术及文化传承下去。

关于个性化定制和大规模生产。通过听专家的讲座,并结合纺织经济管理课,得知大规模生产的产品特点是标准化,生命周期长,而个性化定制的是改良产品或新产品,生命周期短。进而得知标准化有以下特点:标准化使得采购、处理、检查等工作流程常规化,为科学管理奠定了基础;标准化有利于避免重复劳动,缩短设计周期,实现产品长期自动化生产,促进管理统一、协调、高效,提高经济效益;标准化有利于减少相关从业人员的培训时间和费用等。

定制化产品与服务定制化是根据消费者需求生产产品和提供服务的,可以避免产品滞销而导致库存成本增加,资金链断裂,运营困难;定制化可满足个性化消费需求,提高组织声誉与影响力;定制化能够快速适应市场变化,契合潮流。标准化和定制化的缺点是分别和对方缺点互补的。我认为可以根据不同性质的产品选择合适的经营模式,发挥其各自的优点。

你若盛开,清风自来。记得在提问环节,专家说过这样一句话,只要你足够优秀、强大,那些人脉资源都会来找你。这让我想起之前抖音上关于孙悟空的一段视频,大概讲述他刚出世、大闹天空、取得西经后等几个历程中周围的人对他的态度在逐渐改变,也反映了这个道理。因此,我们应专注于自己的事情,按自己的步伐一步一步来,逐渐提高、完善自己,不要被身边杂七杂八的事情困扰,比如经常进行无用的社交、每天刷抖音获取零碎片信息等。

好心态和坚持的重要性。做任何事情都要端正自己的态度,认真对待,不要怕困难,遇到困难就以积极乐观的心态面对,只有这样,才能坚持并继续前进。做任何事情都要有恒心和毅力,即使遭遇困境,也要坚持再坚持,努力克服,熬过去,那些将成为宝贵的人生财富。

范天琪:本次专家讲座,结合工艺与艺术,与自己本科的专业如出一辙,自然而然引起我浓厚的兴趣。专家以自己的创业经历作为主线,为我们呈现了将非遗文化与丝绸巧妙结合并进行创新发展的过程。他的公司以丝绸为载体,不断融合非遗文化,使非遗文化迸发出新的生命力。

整个过程给予我很多思考,且在一些方面引起了我的共鸣。专家提到他们将很多元素结合在丝绸上,比如草木染、油画、贵州的蜡染和苏州的刺绣等。在合作模式上也进行了多种尝试,比如和法拉利等国际大牌进行合作,同时和知名设计师进行合作等。在整个讲座过程中,起初我有很多疑惑,不太知道丝绸能够有这么多丰富多彩的变化。刚开始听到这个公司时,不禁想真的可以在如今快时尚的潮流下生存下去吗?但是随着讲座内容的深入,不禁对专家肃然起敬。我自己在本科毕业设计时也融入了蜡染的元素,也是为了将中国传统文化与现代时尚结合。但专家的讲述让我觉得非常震撼,同时也让我产生了很多新的思考。深知中国传统文化的底蕴,记得专家之前说过的一句话:"现在都在说要保护非遗文化,要弘扬非遗文化。但是保护它,不是让它停在那里。如果停在那里,它总有一天会消失。最好的传承是弘扬它,发展它,让它永久不衰。"

中国五千年的文化底蕴,如果去寻找,总有意想不到的发现,更何况一些国际大牌也在巧妙地利用中国元素,在世界舞台上大放异彩。那为什么我们不把自己的本土文化依靠自己的力量发扬光大呢?

对于专家的讲述,我产生了几点思考:

(1) 在技术层面是如何克服的?比如油画的颜料采用的是普遍的丙烯颜料吗?厚重的颜料是否会影响丝绸的飘逸感?蜡染的高温不会破坏丝绸的结构吗?

(2) 在开发产品的时候有没有考虑产品周期,因为几乎都是纯手工的,制作周期应该会很长,是否会与当下发展趋势不一?

(3) 有没有想过会出现技术的断层,因为年轻的绣工可能会越来越少。

（4）定价过高，是否会有市场？

带着以上问题，在讲座结束后与专家进行互动，我非常满意专家给我的答案。首先针对技术问题，我看到了丝情画奕人的大胆创新，并且不断深入底层，近距离接触，比如设计者了解到使用蜂蜜蜡其实是蜡染最原始的方法，随后才被工业蜡取代，但是蜂蜜蜡的加工温度不会破坏丝绸。同时在企业经营模式方面，注重与消费者的互动体验，会举行很多丰富多彩的活动，不断扩大自己的消费群体。再者是经营理念方面，在创业之初，为了避免电商复制化之风，公司只做实体，不做电商。的确，现在中国服装行业的抄袭现象非常严重，或许你的商品刚刚流出市场，第二天就会出现很多很多的仿版，这是很不利于企业长期发展的。专家公司的经营理念与产品有很多是不可模仿的，因为公司提供的不只是衣服，更多的是艺术品，里面包含很多的元素，不是很容易被瞬间模仿，毕竟技艺是很高端且复杂的。

另外，公司与国际大牌的合作模式，我觉得非常睿智。通过一系列与顶级品牌的合作，公司奠定了其产品受众群体的基调，借大牌之力开拓了自己的消费者市场，因为买得起法拉利产品的人会更愿意花钱购买自己的产品。此外，通过与艺术家合作，公司产品无形中增添了很多艺术价值，产品收藏价值也逐渐提升。由此启发，如果我进行创业，一定要研究好自己的受众群体，并根据自己的受众群体进行商品的创作，只有自己的受众群体明确，才会更利于进行自己的产品设计与升级，越有针对性，越容易培养自己的消费者忠诚度。

通过专家的讲述，我也有了新的感悟：中国传统文化历史悠久，丝绸原本是中国历史的产物，而爱马仕等国际大牌利用我国传统文化的瑰宝可以创造出上千上万价值的产品，我们土生土长的品牌为什么不可以？我觉得是品牌认同感不够，而品牌认同感不够的背后则是国家实力的权衡。随着我国综合国力的不断提升，在不远的将来，中国品牌必将出现在世界艺术之林。从专家的创业经历中，可以看出没有偶然的成功，有早期八年苏州博物馆工作的经历为后期开展一系列的工作奠定了良好的基础。同时，这段工作经历为他积累了很多的人脉资源。我另外感悟到创业是一个不断进行自我革命的过程。专家在讲座中提到，因为奕欧来所坚持的市场理念其实与现在的趋势是不符合的，他自己纠结过。但是，他提出建议一定不要忘记自己的初心，脚踏实地，同时身体跟上自己的思想，切忌空想。

经过这次讲座，我对非遗文化的兴趣愈发浓厚，相信总有中国品牌会大放异彩。无论什么时候，都应该保持一颗不断进取的心。专家也提到在未来，他希望将互联网带入自己的产品设计，比如 AI 技术、交互设计等，或许会给用户带来更好的体验。同时，会扩大自己品牌的传播范围，受众群体也会进一步扩大。在互联网发达的当今社会，能否抓住工业 4.0 是对企业一个很大的考验，所有的发展都不应该逆着时代发展的趋势。

卫胜男：感受时光和手工的温度，丝绸又岂止是情怀？"体验是展馆的核心，在这里能够身临其境地感受从蚕到丝的循环过程，其实这也代表着传统工艺的循环过程，代表了文化的传承。"一缕缕丝线打造成的丝织品背后本就有一段动人的故事与人文情怀，为了让参与者感受到这一份温度，举办的独特展会再现了从蚕宝宝的养殖、结茧、抽丝到成衣的整个过程，参展者可以自由地进行丝绸手工定制的体验，近距离地聆听织机发出"哗嚓、哗嚓"的声音，感受到亲手制作的织品即将诞生的梵音，并能肆意发挥各自的想象力，通过手绘及扎染创造出自己的专属丝绸，每一个环节都传达了匠人们与丝绸谱写的情缘，让消费者在情感上回归服装和人与物的本质关系。

与此同时，这也是当代时尚与传统精粹的对话。作品融入了现代的设计元素，在保留了传统文化神韵的基础上，加入了现代的审美进行改良再造，具有现代性和特有个性。在保留丝绸文化的传统神韵之上，"丝绸画奕"馆还与国内外的设计师进行合作，将绵延的蚕丝赋予五彩斑斓的现代图腾，赋予它们新的生命，在展馆内一一排列开来，人们在有限的时空中欣赏当代和传承之间的对话，领略艺术与文化、传承与再造之间交错碰撞产生的灵感火花。

杨阳：中国人首先学会把丝线织造成丝绸的技术，在之后的数千年中，中国人是唯一知道如何制作丝绸的民族，中国商人把丝绸销往整个亚洲和欧洲等世界各地。丝绸曾经很昂贵，人们把它称为"国王的布"。丝绸承载的是历史的感叹，是民族的辉煌，是时光和手工的温度。2019年11月7日，聂开伟老师带着"丝情画奕"来到教室，带我们感受了丝绸传来的微凉又温热的温度，为我们讲解了传统丝绸产品与创新。

首先，聂老师分享了丝情画奕丝绸的传统与现代体验模式。体验是感受丝绸的核心，在丝情画奕能够身临其境地感受从蚕到丝的循环过程，其实这也代表着传统工艺的循环过程，代表了文化的传承。从新石器时期手工制作丝绸起兴，传了五千多年的丝绸制作手工艺背后有无数动人的故事与人文情怀。这些故事与情怀，参与者可以在丝情画奕的各个体验环节中亲自体验到。比如可以体验从《天工开物》记载的脚踏式缲丝演变改革而来的手摇式缲丝，参与者还可以自由地进行丝绸手工定制的体验，近距离地聆听织机发出"哗嚓、哗嚓"的声响，感受到亲手制作的丝绸即将诞生的梵音。

其次，聂老师谈到了传统丝绸的产品创新。当今世界，知识经济飞速发展，创新成为经济和社会发展的主导力量与重要源泉，在做传统产品的同时，适当的创新可以促进整个产业的发展。丝绸也不例外。2017年，他们将丝绸与丹寨苗族蜡染结合。在此之前，蜡染通常应用于棉布上，一般图案面积较大，具有质朴天真、自由奔放的风格。将蜡染与丝绸结合的想法产生时，最大的担心是蜡染的风格无法在丝绸上得到很好的表达，因为蚕丝和棉纤维的表面性质差异非常大。幸而，最后尝试得到的结果非常理想，于是在丝绸的风格上有了创新，也更新了蜡染的表达方式，可谓一举两得。在此基础上，他们又做了苏绣与蜡染的结合,民间艺术与非遗的结合将丝绸的价值上升到人文层面。在丝绸上手绘是另一个创新,由于蚕丝的特殊性质,手绘艺术师们刚开始在丝绸上手绘时不得要领,没有达到预期的效果,但是随着创作越来越熟练,手绘艺术也在丝绸上找到了合适的定位。他们还举办了"手绘丝巾"活动,参与者在对手绘丝绸的挑战中乐此不疲。丝绸作为中国的传统手工产品,不难想象其与东方传统艺术结合所带来的强大的视觉艺术效果,成衣融入了现代设计元素,在保留传统文化神韵的基础上,加入了现代的审美进行改良再造,具有现代性和特有性。中国是"丝之国",也是"瓷之国",两者的结合必定让世界感受到中国的艺术美。他们与苏州博物馆联合开发的产品——旗开得胜,就是一个很好的视觉艺术美的例子。

最后,聂老师谈到了丝绸销售的跨界合作。一个产品必定要经历最终销售这一步。他们在丝绸销售上采用了艺术跨界,以及和国际大牌合作的模式,并且只做实体。艺术跨界即使用新材料加上艺术家合作,比如上文提到的蜡染手工艺人和手绘师等,与知名或者专业的艺术家合作,使丝绸的价值不仅停留在表面的面料上,更有深层次的人文艺术价值。在丝绸上作画,丝绸就可以成为一件收藏品,而不仅仅是流通的商品。在与国际大牌合作时,他们会选择合适的品牌,比如玛莎拉蒂。至于为何要如此选择,是因为考虑到寻求合适的消费群体。当消费者可以接受产品的价值时,才是合适的消费者。当然,他们也会给消费者们提供有趣的体验式的文化展会,比如一开始提到的各种体验模式,使消费者更能感受到传统与现代丝绸的温度。

五千年的时光与传统手工制作的温度就这样融合在一匹丝绸上,相得益彰。如何传承传统,如何打破传统,又如何把传统销往世界,让世界、让历史感受得到这种温度?我想,这是聂老师一直在考虑也是一直在做的事。市场上不缺钱,缺的是好产品,丝绸市场是这样,其他产品又如何不是呢。做好一个产品的方法,聂老师隐藏在了"丝情画奕"的讲述中,他从三个方面解答了上述问题:亲身去看、去体验、去感受;不断创新、不断和其他艺术以及现有技术结合;有针对性地寻找消费群体。

我从此次讲座中受益颇深,不仅醉倒在丝绸的温婉袅娜中,而且对传统产品创新背后的意义产生了思考。传统产品如想在现代社会实现可持续化发展,必须从自身找到阻碍其发展的根本原因。从设计理念、改进工艺、明确市场定位、降低成本、加大宣传、树立品牌等各方面,积极寻求对策,尤其要在传统工艺产品的传承和创新上寻求更适合现代发展的道路。我认为或许可以采取以下措施:将现代设计、现代艺术及传统艺术与产品结合;运用多种现代化宣传途径进行推广,现场体验、AR体验等都是有趣的方式;树立品牌,明确消费者定位,再针对消费者需求寻找合适的创新,以及采取合适的推广方式。

第六节 小 结

第四讲请了一位放弃工作多年的单位后创新创业的成功者来学院给同学们做报告。对于怀抱创业梦想的年轻人,这是一个非常激励人的故事或者经历。下面是部分同学在听完讲座后的所思所想所悟的精彩片段:

"一个人的成功不可复制,但他在成功道路上所付出的努力,值得我们思考和学习。

聂总提到了他认为创业中最宝贵的特质——坚持。我认为我们最需要学习的也是坚持,坚持自己想做的,并刻苦钻研、努力创新,朝着心中的目标不断努力。"

"从专家的创业经历与创业过程中,我从以下方面进行了思考:

(1) 专业知识一定要牢靠。

(2) 学会团队合作。

(3) 如何进行品牌营销。"

"做任何事情都要端正自己的态度,认真对待,不要怕困难,遇到困难就以积极乐观的心态面对,只有这样,才能坚持并继续前进。做任何事情都要有恒心和毅力,即使遭遇困境,也要坚持再坚持,努力克服,熬过去,那些将成为你的人生财富。"

"不论将来做任何事是否纠结、矛盾,但一定不要忘记自己的初心,脚踏实地,切忌空想。"

"对传统产品创新背后的思考。传统产品如想在现代社会实现可持续化发展,必须从自身找到阻碍其发展的根本原因。从设计理念、改进工艺、明确市场定位、降低成本、加大宣传、树立品牌等各方面,积极寻求对策。尤其要在传统工艺产品的传承和创新上,寻求更适合现代发展的道路。在发展的道路上,或许可以采取几种措施:将现代设计、现代艺术及传统艺术与产品结合;运用多种现代化宣传途径进行推广,现场体验、AR 体验等都是有趣的宣传推广方式;树立品牌,明确消费者定位,再针对相应的消费者要求寻找合适的创新,以及采取合适的推广方式。"

"一个好的团队对于创业来说至关重要,组建一个优秀的团队不容易,他们团队需要有想法有创新头脑的年轻人加入进来。"

"创业之路的每一步都很艰难,但是只有打造有特色、质量好的丝绸品牌,中国的丝绸品牌才会越走越远。正如英国的一些小作坊一样,他们追求将其中一个环节做到最好,达到无可替代的地步,为各种奢侈品牌提供原料。这正是创新的重要体现,丝绸也是如此。加强新品精品的开发和创新。要应用世界先进的高新技术改造传统产业,重视丝绸材料的创新,不断设计开发新品种、新面料,为消费者提供更新更精更美的产品,满足消费者对高档丝绸的消费需求。同时,也要推进桑蚕茧丝绸的综合利用开发,让桑蚕茧丝绸在医疗、保健、美容等方面的特殊功能得到充分的开发利用。"

"打造一个丝绸品牌不简单。从产品开发到产品销售,从品牌宣传到渠道创新,每一步都很艰难。树立一个世界瞩目的丝绸品牌是所有中国丝绸商的目标,作为文化的传承,也是中国影响力的深远见证。以前对丝绸的了解都很片面,但通过这次讲座,体会到了其背后深厚的文化底蕴和内涵,也了解到了丝绸的乐趣,受益匪浅。"

第五章 安踏公司发展历程（案例五）

（讲座时间：2019.11）

第一节 公司及品牌概况

一、安踏公司成长之路

安踏是一家中外合资的综合体育用品集团有限公司，由安踏（福建）鞋业有限公司、北京安踏东方体育用品有限公司、安踏（香港）国际投资公司和安踏鞋业总厂等组成。目前，安踏已从一个地区性的运动鞋生产型企业，发展成为全国性的、具有营销导向型的综合体育用品企业。

1991年，福建晋江的一家制鞋作坊门口第一次挂上了安踏的标志。经过三十年的发展，安踏已成为中国最大的以营销为导向的综合性体育用品企业之一。公司的产品已经实现多元化，集团化程度不断提高。安踏的企业理念是"安心创业、踏实做人、创百年品牌"，它所倡导的"永不止步"的品牌精神，鼓励着整个公司不断向前发展。安踏凭借着踏实的产品品质和勇于发展的精神，在竞争激烈的国内乃至国际市场上拥有一席之地。回顾安踏的发展历程，从最初的成立到2001年成为首个在国内建立体育用品专卖体系的体育用品公司，再到2007年在香港上市，安踏实现了近乎完美的蜕变。公司产品备受欢迎，安踏的标志几乎遍布国内大中小各个城市。

今天的安踏，营收规模是位居中国第二的李宁的2.3倍，近七年稳居中国体育品牌市场第一，但与耐克等国际巨头相比还相距甚远，2018年营收不足耐克的十分之一。

安踏2018年的年报：营业收入超过240亿元；收益超148亿元，增幅居全行业首位，而且超过李宁、361和特步三家公司的总和（124亿元）；利润约43亿元。事实上早在2014年，安踏的营业收入就开始大幅增长，当年营业收入为89.23亿元，较2013年增长22.5%；全年实现净利润约17亿元，同比增长29.3%。纵向来看，从2014年到2018年的五年内，安踏的营业收入从89.23亿元暴涨到241亿元，增长了1.7倍。从市值来看，

2007年,安踏体育于港股上市,其市值约为130亿港元,截至2019年11月17日,安踏体育的市值已经达到2 049.33亿港元。在十二年间,安踏体育的市值增长到原来的15倍。

据相关统计数据表明,安踏运动鞋1999年至2001年连续三年市场综合占有率位居全国同类产品第一位,已成为众多消费者,尤其是广大青少年喜爱和追逐的时尚运动品牌。2002年荣获中国体育用品界运动鞋类民营企业的第一个"中国驰名商标"。2008年是中国的奥运年,之后,中国运动体育市场一直处于下滑态势。那时整个体育销售产业的销售模式都是批发模式,由总部卖给经销商,这样做的好处是总部的产品快速分销给各地经销商。但弊端也很快显现出来,经销商手上大量的货物销售不出去,无法购买下一批货物,这对于生产企业无疑是饮鸩止渴。安踏迅速调整销售战略,将终端经销商的压力减小,由总部整体调配,互惠互利,做到共赢。2012年,安踏营收首超李宁,成为体育用品行业的新科状元,实现"弯道超车"。2017年,安踏的净利润为30亿元,全年营业收入达到166.92亿元,市值超600亿港元,排名全球第五,坐稳国内行业龙头宝座;2018年上半年,安踏销售总量达105亿元,销售运动鞋6 000万双、服饰超8 000万件,市值达1 000亿港元以上;2025年的流水目标突破1 000亿港元。

安踏集团的发展历程主要分为1.0创业、2.0创品牌、3.0转型、4.0多品牌四个阶段。"我选择,我喜爱"——安踏的这句广告语,很多85后或90后都耳熟能详,它的流行也是安踏品牌认知度的体现,代表着安踏体育用品发展史上的一次大转变。

1.0创业阶段,以生产制造批发为主,生产管理为导向。

2.0创品牌阶段,企业目标为致力打造品牌的认可度,开创CCTVs+体育明星代言的营销模式。李经理特别提到了1999年孔令辉安踏央视广告。当时各种网络媒体还不是很普及,电视广告是打造品牌认知度最有力的方式,尤其是关注度很高的央视平台,当然代言费用与广告费用也非常昂贵。幸运的是,那是一次非常成功的营销,安踏品牌的认可度迅速提升。"我选择,我喜爱"就是出自那个广告。这也奠定了安踏之后的代言人定位,即邀请知名奥运冠军做代言人,赞助各种体育运动比赛。清晰的代言人定位侧面体现了公司产品的定位,通过广告和代言人反馈给消费者一个信息:安踏是一个专注于做专业体育运动产品的品牌。

"Keep Moving"(永不止步),安踏公司接下来的发展正如它的这句广告语一般,追求创新与进步。在2.0创品牌阶段的成功营销下,品牌的认可度迅速升级,为安踏带来了较高的利润。

因为受到国外知名运动品牌如Adidas、Nike等的冲击,以及国内同行业企业如李宁、特步的竞争,加上2012年的服装库存危机和全球金融危机,国内的体育运动产品行业进入了不乐观的局面。为应对这种情况,安踏进入3.0转型阶段,品牌批发向品牌零售转型,直面消费者,取消经销商模式,并在2009年从百丽集团手中收购了FILA在中国地区的商标使用权和经销权。这次收购非常成功,促进了安踏进行更多的收购与合并,并开始4.0多品牌发展。

也可以将安踏集团的发展历程分为四个方面,从创业、创品牌、转型到多品牌制造。

在创业阶段,安踏是一个从制鞋工厂起家,逐步实现规模化生产的企业,它的业务是生产制造和批发,以生产管理为导向,从50万元起家,做到10亿元的规模。

在创品牌阶段,安踏开创了CCTVs+体育明星代言营销模式,品牌认知度快速提升,从10亿元做到100亿元。

在转型阶段,安踏从品牌批发向品牌零售转型,消费也进行了升级,一切以消费者为导向,创造最好的品牌体验,2015年的营收已突破百亿元,成为国内行业首家。

在多品牌阶段,安踏聚焦运动鞋服行业,多品牌组合,满足不同细分市场的需求,全渠道零售,关注消费者的体验,从一家传统的民营企业转型成为具有国际竞争能力和现代化治理结构的公众公司。

数说安踏,2018年,安踏集团实现营收241亿元,净利润达到约41亿元,拥有门店超过10 000家,直接创造就业超过10万人,累计纳税突破100亿元。上市十年,安踏体育市值从上市当天的130亿港元到2017年11月突破600亿港元,跻身全球体育用品公司管理公司市值第二位,2025年流水目标将突破1 000亿港元。安踏旗下有许多品牌,消费者高收入、中高收入、中低收入、低收入全覆盖,这让每位消费者都有机会接触到安踏这个品牌,街道、百货商店、奥特莱斯、购物中心及电商平台都是安踏产品的购物渠道,给每位消费者带来了极大的方便。

二、安踏品牌之路

安踏品牌始创于1991年,主营业务包括设计、开发、制造和销售安踏体育用品。近几年,安踏稳居中国体育品牌市场第一,但与耐克等国际巨头相比还相距甚远,2018年的营收不足耐克的十分之一。在"互联网+"背景下,企业品牌面对的市场往往表现为消费多层次、需求多样化。因此,企业通过单一品牌来拓宽国际市场的难度较大,许多知名品牌包括安踏在内,走多品牌战略是非常明智的,通过开发新的品牌或者收购知名品牌来应对市场需求及变化。

安踏品牌的成长之路,与很多国际品牌有异曲同工之妙,主要通过赞助体育赛事及签约体育明星代言,逐步积累品牌的市场影响力,收获品牌知名度。1999年,安踏体育花重金聘请当时中国乒乓球运动员孔令辉担任安踏品牌代言人。此举引起一片哗然,因为当年安踏拿出了全年利润的五分之一来签约一名运动员,堪称"大手笔"。与此同时,安踏还赌上公司全年利润在央视做广告。幸运的是,孔令辉夺得了乒乓球男子单打金牌,安踏"我选择,我喜欢"这句广告词成了当时的流行语。2018年,安踏公司正式签约著名

NBA 球星戈登·海沃德，他与克莱·汤普森、拉简·隆多和刘易斯·斯科拉一同成为安踏的篮球系列产品代言人，收获了品牌知名度。

在安踏的多品牌阶段，FILA 品牌的成功运营是至关重要的一步，堪称为公司发展史上里程碑的事件。此举也正式开启了公司的国际化、多品牌之路。自 2007 年上市后，安踏开启多品牌战略。2008 年推出安踏儿童子品牌，定位于儿童运动服装市场。安踏在 2009 年从零售业巨头百丽国际手中收购 FILA 品牌代理权，在外界看来，这无疑是一次豪赌。这不仅因为安踏付出的收购价超过上一年净利润的三分之二，还由于当时 FILA 这个诞生于意大利的百年服装品牌正经历连年亏损，其在中国的商标使用权在百丽国际手中也成为了烫手山芋。安踏在商业模式上大胆创新，采用直营零售模式拓展门店。公司用了近三年时间，将经销商模式彻底转化为零售商模式，成为中国运动用品市场中唯一直接做全零售的品牌。成功将 FILA 品牌重新定位，并且逐步扭亏为盈。经过五年的渠道整合和品牌再塑造，FILA 进入快速发展车道，并成为近年来安踏体育营收增长的重要驱动因素。很显然，FILA 这个国际品牌在中国市场的巨大成功，离不开安踏的运营能力和创新能力。FILA 的成功对安踏有着革命性意义，坚定了安踏走多品牌之路的信心。安踏将 FILA 收益的增长归因于三点：

（1）品牌及产品的市场认知度不断提升。

（2）零售业务的强劲表现，以及实体店增加和店效提升。

（3）电子商贸的发展。

从球鞋方面来看，和李宁品牌相比，在 2018 年，安踏的销售利润比李宁多出 35 亿元。安踏在篮球鞋领域携手 NBA 巨星克莱·汤普森（其姓名首字母为 KT），推出系列战靴，KT4 战靴是安踏的旗舰款，售价仅 699 元，只有李宁的韦德之道 7 的二分之一。作为安踏的旗舰款，安踏将最先进的科技应用在 KT4 上，使其在这个档次的球鞋中是富有科技感的一款。安踏旗舰款的定价低于李宁款，由此可见安踏将其营销重点放在中低端球鞋上。一个原因是在中国，球鞋消费的主力军是学生，而学生的消费能力一般不是很高，篮球鞋又是消耗品，更换篮球鞋所需付出的高昂代价不是大多数学生能负担得起的。安踏的新款篮球鞋在二级市场上的价格普遍在四五百元，相比于同等配置的其他品牌，在性价比方面无疑是更好的。当然，大众化并不代表低端。安踏要做运动品牌的"无印良品"，或者说是运动品牌的"优衣库"。这就意味着安踏要不断提升终端服务，做精品化的大众产品，甚至成为一家科技公司。然而在未来，安踏是否有实力提升产品的质量，能否更好地跟年轻人的消费习惯相结合，依然有待考量。

2018 年，安踏收购了拥有众多头部品牌的亚玛芬体育，这是帮助公司实现弯道超车的关键一步。这次收购的目的，一是让安踏进一步切入专业和小众市场，快速提升规模，同时进一步提升安踏主品牌综合竞争力，向耐克、阿迪达斯进一步靠拢；二是帮助公司未来开启全球化,打开新的成长空间,最终成为一家具备全球影响力的运动品牌集团。

FILA 的成功转型和再塑造,充分证明了安踏在国内市场的品牌运作能力,这给了安踏继续收购的勇气和信心。因此,安踏通过收购获得头部品牌资源,利用这些品牌打开众多户外细分子行业的市场。显然,花费巨大代价收购年收入近 200 亿元的亚玛芬体育,对安踏体育来说,不仅能够快速实现国际化布局,还能加速缩小与耐克、阿迪达斯之间的差距。安踏认为,收购亚玛芬体育给公司带来全球品牌运营和渠道管理经验,为主品牌全球化运营积累宝贵经验,而且在供应链和品牌营销资源上,都可以发挥"1+1 大于 2"的协同效应。亚玛芬体育与各细分运动领域内具备重大影响力的国际赛事和运动队,以及形象亲民且受欢迎程度高的体育明星保持良好的赞助合作关系,这些营销资源有望与安踏协同共享。安踏会将主要精力放在中国业务的调整与改革上,基于公司在国内市场运营高端品牌的强大能力,从产品、供应链、零售等维度,助力亚玛芬体育旗下核心品牌在中国市场的快速落地和成长。如果叠加考虑未来专业运动品牌的广阔发展前景,并结合 FILA 发展历程的分析,安踏预测未来五至七年亚玛芬体育中国业务收入的规模将实现 6~8 倍的增长。

回顾安踏体育的发展史,我们看到其销售收入、品牌影响力都是一"赌"就上一个大台阶。但同时,安踏体育目前主要依赖中国市场,其全球化之路才刚刚开始。收购了亚玛芬体育,安踏就可以借由其全球化的终端零售布局和能力,更快更好地实现旗下各品牌全球化发展。收购亚玛芬体育后的整合能否如 FILA 般顺利和有效,目前尚未有定论。安踏具有冲击高端产品市场的能力,同时在产品研发方面也投入了大量资金。通过横向一体化,收购了大量运动品牌,形成了产品集团,提升了自己的品牌形象及高端产品的接受力度。但是在安踏迈向国际化、全球化的道路上,绝对不只是管理与收购几家企业那么简单。不管是内部运作的能力、产品的研发把控,还是供应链的管理,安踏依然有很多需要向国际领先企业对标学习的地方,品牌运营升级仍然需要一个漫长的过程。

三、安踏公司发展重要事件:关于企业并购

究竟是怎样的灵丹妙药使得 2012 年陷入库存危机的安踏起死回生呢?

安踏体育 2014 年暴涨的原因主要是 FILA(斐乐)的发力。安踏旗下拥有众多品牌,从 2019 上半年财务数据看,主品牌安踏营收同比增长 18.3% 至 75.89 亿元,在集团总营收的占比为 51%。FILA 营收同比增长 79.9% 至 65.4 亿元,在集团总营收的占比为 44%,毛利率高达 71.5%。其他品牌尚处于培育期,营收占比 5%,由此可见 FILA 单一品牌所做出的贡献。从终端流水来看,主品牌保持较为稳定的双位数增长,而以 FILA 为主的其他品牌近两年流水实现了高增长,且 2018 年四个季度均达到 80% 以上的同比增速,这一亮眼业务成为公司业绩增长的主要驱动力。

2009年,安踏以6.5亿港元的价格收购了FILA(斐乐)在大中华区的业务,从今天来看无疑是大赚特赚的一笔交易,但从当时来看无疑是一场豪赌。2008年安踏的净利润只有9.31亿港元,这笔收购资金占了三分之二。但安踏经过一系列的品牌运营和渠道整合,将FILA大中华区拉出了亏损的泥淖,将其打造成为安踏高端品牌的标志,而且成为2015年以后公司的重要营收和利润贡献者。这其中似乎有许多值得中国其他服装品牌学习的。通过收购高端品牌来进行品牌建设,一方面可能会获得巨大的收益,另一方面节省了大量品牌建设的时间。事实上近几年来,中国纺织企业对众多品牌进行了大量收购。比如:七匹狼收购肯纳;山东如意收购日本服装品牌Renown;森马并购意大利童装Sarabanda;山东如意收购雅格狮丹等。还有服装企业跨行业并购的,如杉杉收购澳大利亚矿业等。从企业并购的目的来看,有的企业并购是为了进入国际市场,有的企业并购是为了进行多品牌发展策略,有的企业并购是为了进入高端市场。

企业并购有其自身的内在逻辑:

(1)并购同行业的公司,可以补全自身的短板。

(2)通过并购可实施品牌战略,将公司业务往高价值链条上调整。品牌是价值的动力,同样的产品,甚至同样的质量,名牌产品的价值远远高于普通产品。并购能够有效提高品牌知名度,提高企业产品的附加值,获得更多的利润。中国大多数的服装企业进行并购都是为了打入高端市场。

(3)通过并购可打造规模效应,减少相关业务发展过程中产生的重复成本。这是中国纺纱企业并购很多服装企业的原因。一方面,纺纱企业的利润率不如服装企业;另一方面,纺纱企业进行服装制造省去了大量成本。

(4)通过并购可消灭竞争对手。兼并竞争对手,一方面可以消灭对手,另一方面可以增加企业生产规模。

(5)为实现公司发展的战略,通过并购可获得先进的生产技术、管理经验、经营网络、专业人才等资源。并购活动收购的不仅是企业的资产,而且获得了被收购企业的人力资源、管理资源、技术资源、销售资源等。这些都有助于企业整体竞争力的根本提高,对公司发展战略的实现有很大帮助。

(6)企业财务状况有问题,或者是不适合上市的行业,可以通过收购壳体公司,进行借壳上市。

企业通过收购,一方面可以吸收被收购企业的新科技和优秀管理经验,另一方面会给消费者带来企业强大的信号,从而获得良好的企业形象,吸引更多的消费者,达到更高的销售额。企业在并购后可以将产品良好的变化、工艺的升级等进行说明。这些变化会引起消费者的关注,从而吸引消费者去体验和购买。因此,企业要适当地对并购事件进行宣传,确保自身与被并购企业的产品在消费群体中都能得到良好的关注和积极的认可。

但收购并不总是有利的,我们也应该警惕收购带来的风险,盲目的收购只会使企业陷入风险之中。上海拉夏贝尔服饰股份有限公司在2018年收购了法国VIVARTE时尚集团旗下女装品牌Naf Naf SAS。拉夏贝尔对Naf Naf SAS的并购是想通过Naf Naf SAS打开国际服装市场,以拓展国际业务,创造新的增长点。然而,VIVARTE虽然是法国本土较大规模的时尚品牌,但自身业绩并不亮眼,近十年一直处于债务泥潭之中,通过不断出售旗下品牌、裁员和关店的方式维持生计。不得不说,拉夏贝尔以巨额并购一家经营不良的公司,自身受到了冲击。拉夏贝尔这几年来业绩一直呈现疲软态势,且只增收不增利。如何提高公司盈利能力是拉夏贝尔的首要任务。拉夏贝尔收购Naf Naf SAS本身具有风险,而拉夏贝尔能否借助Naf Naf SAS打开欧洲市场,目前还很难说。难受的并不只有拉夏贝尔。2018年10月,国内女装品牌ICICLE母公司上海之禾时尚集团法国子公司ICICLEPARISMODE买下品牌Carven。同时,上海之禾还为Carven的复苏追加800万欧元(约合6 397万元)的投资,交易完成后Carven在品牌战略和设计上都继续保持独立。但Carven近几年的经营状况并不乐观,花大价钱买下经营不善的标的公司,对于任何一家企业来说都是考验。

事实上,我们应该看到,企业的并购似乎对企业本身的品牌形象几乎没有显著性影响。当安踏负责人被问到如何看待安踏品牌时,安踏负责人说其实大多数人的心里可能还认为安踏是一个二线品牌,即使今天的安踏已经是世界第四大运动服装品牌。与之相对应的,安踏对斐乐(FILA)的收购几乎鲜有人知,事实上安踏也从未宣传。这一现象似乎很容易理解,对于大多数人来说,并购是一种商业行为,消费者很少考虑并购行为对品牌造成的影响。其实不仅是并购,很多企业会将高端和低端产品线作为不同的品牌建设,做大后还会将不同品牌分属于不同的子公司,进行独立的品牌运营,防止低端品牌拉低高端品牌的形象,如华为和荣耀的脱离、小米和红米的脱离。所以我们应该看到,企业并购只是资本运作的一种手段,目的是对资源配置进行整合、对产业结构进行调整、促进经营的多元化发展等,而不是用并购进行企业形象的塑造与提升。当然,企业持续获利,也会获得良好的企业形象,同时可以将更多的资金投入品牌建设。

我们应该看到企业收购可以获得被收购企业的商标、产能或者科技,但无法增加自身的品牌效应。企业形象是企业在长期发展中慢慢形成的,不是一蹴而就的,也不是立即能够改变的,都需要时间的累积。企业形象的一些维度,如企业的发展形象、市场形象、服务形象等,都不是由企业单方面的宣传就可以完成良好形象的塑造的,也需要消费者亲身体验的所感所想,以及消费者体验后的口口宣传。因此,有时企业单方面的活动不会立刻改变消费者对原有企业形象的感知。但是,正如上所述,企业形象是企业长期发展积累而成的,因此企业要认真对待每一次活动,确保每次活动都能够给消费者留下好印象,有助于企业良好形象的塑造及升级。

四、安踏公司大事记(按年代记)

1991年,丁和木、丁世家、丁世忠父子三人创立安踏公司,踏出创业第一步。

1994年,安心创业,踏实做人。"安踏"品牌正式成立。

1997年,安踏Logo及品牌标识诞生。

1999年,品牌广告"我选择,我喜欢"在央视体育频道推出。

2001年,从单一运动鞋批发升级为综合体育用品公司,首家安踏体育用品专卖店在北京开业。

2003年,成为中国联赛发动机,赞助排球联赛、乒乓球超级联赛及CBA男子篮球职业赛。

2004年,正式提出"永不止步"品牌理念,诠释安踏体育精神。

2007年7月10日,安踏体育在香港联交所挂牌上市,面向全球发售6亿股,公开发售部分获得批发价三倍的超额认购,融资超过35亿港元,创造了中国体育用品行业市盈率及融资金额最高纪录。

2008年北京奥运会,安踏开启奥运营销。

2009年,成功收购斐乐品牌在大中华区的商标拥有权。

2010年,相继签约凯文·加内特、克莱等NBA明星。

2012年,为伦敦奥运中国军团打造"冠军龙服",76.2亿元的业绩使安踏成为中国第一、世界第四的体育用品集团。

2013年,启动"品牌加零售"模式,带动零售全面转型升级。

2014年,相继签约五大中心,26支中国国家队成为其训练比赛和生活装备的指定赞助商。

2015年,中国首家运动用品公司营业额超百亿元,零售转型成功跨入百亿元规模时代。"冠军龙服"助力全新一代中国军团征战第二十一届里约夏季奥运会。正式提出多品牌发展策略,将迪桑特与斯雷迪品牌纳入集团品牌版图。

2017年,安踏体育上市十周年,成为北京2022冬奥会和冬残奥会官方体育服装合作伙伴,收购可隆和小笑牛品牌。

2019年,收购Amer,市值破2 000亿港元,仅次于耐克,成为世界第二大体育用品集团。

第二节 授课专家概况

授课专家李景川老师:2003年从西安工程大学硕士毕业后,先在张家港互益染整有限公司工作两年,从事测试中心和质量测试的工作;2006年,进入广东溢达纺织有限集团研发中心,从事产品开发和流程优化的工作;2013年,进入安踏公司工作至今,目前从事纺织品未来技术研发工作。

李景川进入安踏公司后,被安排在一线设计岗位,从最基础的打样设计工作开始。加班加点是设计人员的工作常态,但对于一名硕士研究生来说,不可谓不辛苦。许多纺织专业的毕业生由于经受不住一线生产岗位的工作,往往实习期还没结束就选择转行。但是,李景川始终能坚持初心。"既来之则安之""干一行爱一行"的心态使他能够沉下心来。两年丰富的一线生产经历及积极进取心让企业对他的重视程度越来越高,所以他水到渠成地进入研发岗位。在这个岗位上,他能发挥自己最大的潜能,将自己所学的知识投入实际应用。

一步一步脚踏实地,我们终将迎来光明。在毕业之后的短短六年里,有了一定的工作经验后,李景川被委任为生产厂长。在厂长位置上工作一段时间,进一步积累经验后,进入管理层的李总开始负责国际业务,成为纺织行业里的佼佼者。

第三节 授课内容介绍及评述

一、安踏的发展模式

单聚焦、多品牌、全渠道是安踏发展模式的核心理念。

安踏从制造业起家,起初替其他品牌贴牌生产,后来逐步建立了自己的品牌。安踏在引入"轻资产运营",吸收其长处的同时,还保留了在制造领域所积累的优势,建立其独特的局部"轻资产运营"战略。

安踏在中国体育用品行业发展的萌芽初期,便看准了"体育"这个风口。以工厂起家,逐步实现规模化生产,以生产管理为导向,从50万元做到10亿元的规模;在2000年,借助悉尼奥运会,从此步入竞争舞台。由1.0创业阶段的一家工厂转型为2.0创品牌阶段的体育品牌商,开创了体育明星代言营销模式。借助奥运会的国际影响力,喊出"我选择,我喜欢"这句广告语的安踏红遍大江南北,快速形成了品牌认知度。随后,安踏赞助了大量体育赛事和国家级运动队,被称为"中国体育联赛的发动机",增速表现更加优异,从品牌批发商转型成为品牌零售商,进入3.0转型时代。一切以消费者为导向,创造最好的品牌体验。之后,安踏成为国内首家营收破百亿元的体育用品集团,在全民健身的潮头,转型成为多品牌集团,正式向4.0多品牌发展。

安踏以众多品牌不同定位、不同品位的组合,领先抢占了体育产业大发展的黄金时代的先机,吸纳了来自国内外的优秀商品和品牌管理人才,美国、韩国和日本的设计团队与中国的本土团队深度嫁接,打造了高性价比、高质量和国际范的商品,开创了中国品牌在美国被排队卖到160美元一双的经典案例。安踏始终坚持全渠道的营销理念,已经实现在二三四线城市的线下门店、商铺、百货商场等全线覆盖,同时借助互联网模式,经营旗下品牌官方商城,还与天猫、淘宝、京东、唯品会等国内知名电商合作,打通线上与线下渠道。进而借助明星效应扩大品牌影响力,占领更多的市场份额。安踏树立了全新的品牌形象,从一家传统的民营企业转型成为具有国际竞争力和现代治理结构的公众公司。

制造是安踏的优势,也是公司大众化定位的重要前提。目前,中国的制造优势十分明显,全球80%的体育用品在中国制造。安踏现在能快速发展,核心要素就是拥有快速的业务模式。供应链是企业有效运转的基础保证,对于消费品公司尤为重要。公司自有生产、扁平化的下游批发商管理,都有助于供应链管理更加有效。

2006年,安踏把渠道的重心转移到旗舰店的建设上,把旗舰店建设作为渠道战略,重力推进整体市场升级运动。旗舰店作为运动品牌在市场上展现自己实力形象的主要手段之一,安踏董事长丁志忠宣称,"将三个亿资金投放在总部直营的直营店上,实现一个大城市有一个安踏旗舰店"。在提升市场终端的整体营销能力的同时,将消费者与安踏品牌紧密地联系在一起。

安踏对国际渠道的布局是"扎根中国,布局亚太,展望世界"。2005年,在新加坡设立了代表处,同时着眼于马来西亚、菲律宾、印尼等东南亚市场,推进布局亚太的战略。2006年,在希腊等国家开专卖店,在捷克、乌克兰找到了合作伙伴,并以此为窗口,全面拓展欧洲市场。虽然对海外的渠道进行了拓展,但安踏的营销重心仍然在中国,国际化进程还有很长的路要走。从销售额的角度讲,安踏、李宁已经可以排进世界体育品牌前十名,但如果从国际化程度、知名度来说,还远远不够。

在广告营销方面,安踏创立了"体育明星+电视广告"的营销模式。1999年,安踏签约了乒乓球世界冠军孔令辉,在央视体育频道投放广告。2000年,安踏的销售额从5000万元增长到2亿元。随后,安踏签约了王浩、郭晶晶、凯文·加内特、斯科拉、弗朗西、李妮娜等人,均取得了不错的绩效。从2000年的1 000万元到2010年的10亿元,安踏在品牌营销方面的费用增长了100多倍,营业额也从2001年的2亿元增长到2011年的近百亿元,其业绩在十年间增长了50倍。

从1995年安踏赞助第67届世界举重锦标赛等赛事开始,就确立了自己独特的体育营销之路,找准了自己的品牌精神——现代体育精神。随后,安踏赞助全国第四届城市运动会、世界中学生运动会、北京国际马拉松赛、第十三届亚运会。2000年,安踏赞助了悉尼奥运会,第一次登上国际赛场。2004—2012年,安踏成为CBA职业联赛运动装备唯一指定合作伙伴,打破了国际品牌垄断国内顶级赛事的格局。如今,国内篮球市场的迅速扩张和CBA赛事的发展壮大,为安踏带来了快速的销量增长和品牌价值的提升。同时,安踏取代李宁成为2009年—2012年中国奥委会体育服装合作伙伴及中国体育代表团合作伙伴,获得以中国奥委会、中国体育代表团为核心的庞大市场开发资源,这为安踏塑造国内领军品牌,以及同时进军国际市场开拓了道路。安踏通过赛事赞助获得了赛事资源,结合其广告宣传、产品设计、销售渠道建设等手段,取得了相当不错的业绩。2011年,安踏营业额突破89亿元,仅次于李宁,市场份额迅速扩张,赛事赞助功不可没。

二、安踏的研究与开发

仅2008年,安踏共推出超过2 200款新鞋、2 500款服装及2 000款配件。安踏一方面坚持自主研发,成立了国内第一个运动科学实验室,拥有北京、广州和厦门三大研发设计中心,并与北京体育大学、中国皮革和制鞋工业研究院进行合作,自主拥有四十多项国家级技术专利。另一方面,安踏从台湾及日本、韩国、意大利、美国等地引进设计人才,并在美国、欧洲、日本等地成立了联合研发机构,从国际上购买技术专利。

安踏是中国运动科技创新的开拓者。历年来,安踏非常注重研发方面的投入,研发设计费用从1991年的200万元,到现在每年不低于年收入5%的4亿元,增长了近200倍。2009年12月,安踏运动科学实验室被国家发展和改革委员会认定为"国家级企业技术中心"。时至今日,实验室申请了130余项专利。早在2005年,安踏就建立了中国体育用品行业第一家获得国家认定的企业技术中心,不定期地在全国收集上万个中国人脚型数据,以期做出一款适合中国人脚型的运动鞋。其研发费用从原来不足销售额的1%增至5.8%,设计团队来自全球各地,还在美国、日本、韩国分别成立了研发中心,每年申请自主研发专利几十项。弹力胶、能量环及易弯折、飞织技术等自主研发的科技成果,都成为消费者喜爱的产品元素。截至2018年7月,公司有约25%的高管具备跨国企业工作经验,有100多名外籍设计师。

安踏对品牌的创新投入很高,研发费用占销售额的5.7%。安踏对纺织行业的新产品持开放态度。然而,新并不代表好,对于一个全新的概念或者产品,公司要大量收集和研究新产品的创新点,以及国内外相关的前沿信息,才能判断能否加以应用。在产品设计上,安踏整合全球的设计资源,在运动鞋、服装和其他各个品类上展示给消费者耳目一新的产品系列。多款商品在全国各地的门店掀起了排队购买的热潮。针对电商平台,安踏独立的电商业务运营团队,对于当季流行做出快速反应,进行小批量制作,最终产品会在线上线下同步发售。

三、安踏的企业文化建设

安踏是中国体育用品企业文化建设的领先者。安踏十分重视企业文化的建设和传承。安踏发扬了闽商爱拼敢赢的精神,并提炼出"爱拼、会拼、敢赢"为安踏品牌个性。将超越自我的体育精神融入每个人的生活,遵循"品牌至上、创新求变、专业务实、诚信感恩"的核心价值观,立志成为中国市场品牌美誉度和市场份额双第一、受人尊重、可持续发展的世界级体育用品公司。企业文化不仅需要建设,需要沉淀,更需要创造和创新。正当这两年安踏实施"零售转型"的战略之时,安踏在秉承原有文化的基础上,提出"零售转型,文化先行"的思路,创新零售文化,积极支持零售转型的战略,并取得了良好的效果。

安踏是社会公益事业的倡导者。安踏在经营品牌的同时,也不遗余力地关注和践行社会公益事业的发展。安踏希望让每个中国人都买得起运动鞋,能够穿着安踏的运动鞋奔驰在篮球场和水泥地上。特别是在2008年汶川大地震和2013年雅安地震两个事件中,安踏捐款、捐物均超过1 000万元。截至目前,安踏向社会捐赠总额超过3亿元,公司被民政部授予"中华慈善奖"的至高荣誉。2013年,安踏携手中国奥委会、冠军基金、萨马兰奇体育发展基金会联合发起的"奥林匹克公益合作联盟"正式启动,联盟将进一步推广奥林匹克精神,推动全民健身运动的开展。

第四节 专 家 感 受

专家在讲座中还谈了对安踏公司发展历程中自己的一些体会与感受。

中国经济的新时代是创新驱动、能力牵引的新时代。这个时代的优胜者,一定是强大的,把"强"放在"大"的前面,将是他们的基本特征。优秀的产品除了创新,还要有过硬的技术。安踏选择供应商的标准非常严格,数量也逐年增长。当供应商提供的产品未达到安踏的产品要求时,安踏会与供应商一起解决问题,并且愿意投入精力与供应商共同成长。这样,供应商与安踏的关系更加紧密。目前,安踏的供应商都是行业顶尖企业。

安踏的案例告诉我们,能力之路是怎么都绕不开的。机会可以向外求,功夫只能向内求。中国是一个高度变化的新兴市场,也是全球品牌聚集在这里充分竞争的国际化市场。如果中国能建立起具备强大的管理能力和创新能力的企业,就有可能站在全球视野,管理全球领先的品牌,为消费者提供最好的产品和服务。

李景川老师也说到,安踏在国内做到了行业领军,但与国际上的一些品牌还有差距。阿迪达斯、耐克品牌已经深入中国市场,国内消费者大多认为,安踏品牌不及国际品牌。从安踏主品牌的定位来看,公司想为消费者提供"具差异化、高性价比"的产品,所以定价上远低于国际品牌。价格的落差使很大一部分消费者以为"便宜没好货"。为此,安踏正在努力,要让国人改变看法,同时努力改变自己的形象,让越来越多的消费者接受安踏,而不再一味地追求国际品牌。从产品质量到款型设计再到技术研发,安踏按照亚洲人种展开,产品质量也远超国际标准,给消费者一个购买安踏的充分理由。

为了更好地服务消费者,安踏对消费者做了深入调查,了解消费者愿意为产品支付的价格,消费者是否喜欢本品牌的设计风格及偏好原因,以及改进建议等一系列问题,进行消费者画像,了解安踏在目标消费者市场的定位。安踏希望针对不同地域消费者的购物差异及运动习惯等,给每个消费者提供"专属"服务。

"我们希望所有的消费者在购买中国品牌商品的时候,能够对中国品牌产生强烈的'自豪感'。"这是安踏的信念。公司目前已拥有安踏、斐乐、迪桑特、斯潘迪、安踏儿童、可隆、迪桑特、小笑牛、Antaplus 等多个品牌。

但如何把这些品牌战略的价值最大化? 如何做到各个品牌协同并进? 这是目前安踏存在的问题。按照目前的发展势头,FILA 有望在今年超越主品牌"安踏",成为集团内部营收贡献率最大的品牌。相比之下,即便对比国内李宁和特步,主品牌"安踏"的表现也略显平淡,前者上半年(2019 年)增长超过 30%,后者也超过 20%。此外,集团旗下其他品牌的营收占比不足 5%,整体仍处于孵化期。安踏集团目前的核心任务是搭建孵化平台,实现新品牌和小品牌的赋能,包括共享的供应链平台、电商平台、物流平台、财务平台等,让新品牌能在集团平台上快速孵化与成长。FILA 的成功模式能否复制到其他品牌,仍然有待检验。特别是,随着 Amer Sports 旗下十三个品牌的加入,集团的品牌数量骤增到二十个以上,管理挑战增大,同时伴随着外来跨行品牌的挑战。如今,手机行业也开始从事运动品牌的研发。在如此巨大挑战的面前,安踏如何有效地应对,是一个重大问题。

安踏集团需要提升安踏运动品牌的传播度。还有很多人对于安踏的了解只停留在听过"安踏"这两个字上,对于安踏的销售范围、品牌优势,都没有完整的概念。FILA 在安踏的推动下火遍大江南北,可能至今还有许多人认为它是国外的品牌。大家对它有所了解吗? 这表明安踏在宣传力度上存在问题,知名度与国外运动品牌相比较低。对于安踏的宣传力度不到位,也直接导致安踏市场占有率低,影响了安踏市场的进一步开拓。安踏专卖店产品展示吸引了主要消费者,可以增强安踏运动品牌形象的影响力。广告媒体和互联网作为如今宣传重要渠道,安踏对品牌传播应该更加重视。安踏代言人都是有名的体育明星,代言人对女性消费者的影响力较小,如果想要吸引更多女性消费者,应该选取一些流量担当偶像作为代言人,扩大消费市场。

进行市场细分与定位,提高销售效率。安踏若想进一步开拓市场,应根据消费者的性别、年龄、学历、收入及消费观念等方面的差异进行市场细分,并准确定位产品形态。学生群体拥有永不服输的精神,他们追求个性,时尚张扬,看重品牌。利用这些因素,安踏可加大新产品的研发力度,推出竞技功能的专利产品,不断生产更多新颖的产品。同时,紧跟时代的潮流趋势,及时更新安踏运动鞋服的款式,实现产品多样化。对安踏认知较少的人群是安踏运动品牌市场的潜在顾客,企业应通过多种途径的宣传,树立并扩大安踏的形象,加强技术创新,丰富鞋服款式,以达到吸引更多消费者的目的。营销策略的运用和营销概念的推广要以产品为载体,只有找准产品定位与顾客需求,才能知己知彼,提高产品销售率。

第五节 部分学生体会与感受

侯大伟:几句文字当然无法概括李总多年纺织行业的从业经历。但是我们从李总的个人经历上学习到不少,同样来自普通家庭的我们,仿佛能从李总的经历上看到我们未来的路。作为专业硕士,脱离生产实践搞研究不是我们的方向,唯有将自己的知识与企业的生产实践结合起来,方能发挥我们的价值。

作为专业硕士研究生,我们需要有一个完整清晰的职业生涯规划。幸运的是,李总的讲座给予了我们对未来及职业生涯的清晰视角。以一位学生为例,该学生今年毕业后的暑假,为了增加个人的实习经历,选择一家生产毛巾的企业进行实习。这家企业虽然规模不大,但是从织造到染整及成品的销售,一应俱全。该学生的实习时间大部分是在一线生产线上度过的。漫热的夏天、满身的纤维,在这种环境下,学生的心态可想而知,因此他对未来的纺织之路充满了迷茫。想着未来会在这样的环境中工作,学生对未来的期盼逐渐消失了。但是通过这次讲座,从李总的报告和他的个人经历中,学生的信心和期待又一点一点建立起来。作为一名工科生,一名纺织专业硕士毕业生,如何实现自我沉淀,沉下心来是极为重要的。拥有正确、良好的心态应对毕业初期的工作,制定合适的职业生涯规划,才是良好的开端。这种来之不易的讲座及合适的演讲人带给了学员极大的帮助。

什么是专业型硕士?其目的是培养具有扎实理论基础,并适应特定行业或职业实际工作需要的应用型高层次专门人才。专业学位与学术学位处于同一层次,培养方向各有侧重,在培养目标上有明显差异。专业学位以专业实践为导向,重视实践和应用,培养在专业和专门技术上受到正规的、高水平训练的高层次实践人才。专业学位教育的突出特点是专业知识与职业紧密结合。获得专业学位的人,主要从事具有明显职业背景的工作。专业学位与学术学位在培养目标上各自有明确的定位,因此,在教学方法、教学内容、授予学位的标准和要求等方面均有所不同。"现代纺织企业精英实践案例解析"这门课让专业学位研究生对未来形成了清晰的视野,让学生能够做出合适的职业生涯规划。

许梦玉:令人惊叹的增长和发展背后,到底是什么原因或机遇呢?FILA 为什么在安踏的手中能做得这么成功呢？我对此十分好奇。

李经理在课堂上对第一个问题做了简短回答：在2008—2013年左右的时候，由于国内体育用品环境发生变化，很多同行的市值暴跌，尤其是曾排名第一的李宁，跌幅很大，安踏也有下降但幅度较小。从那以后，位居国内体育用品公司第二的安踏压下李宁，居于第一。除此之外，安踏还进行了营销模式的调整和大胆的尝试，如收购FILA，这些措施使得安踏之后的市值与营收不仅回升，而且迅速增长。

在李经理回答的基础上，我通过信息整合，觉得安踏转危为安并保持迅速增长的原因主要有三个：一是主品牌清晰的代言人定位，邀请知名奥运冠军、赞助体育赛事、与奥运会和国家队合作等，产品发展专一，消费者对品牌印象好；二是对环境变化反应迅速，如从品牌批发到零售转型，收购FILA进行重新定位，品牌复苏，迎合了不同时期消费者的不同需求；三是近年来国家政策对体育用品行业的大力支持，开放市场，扶持帮助民企成长，国家对于体育事业的关注等都给安踏的发展创造了机遇。

对于FILA在中国市场的成功，我觉得主要是因为安踏对于体育市场流行趋势的精准把握。一方面，安踏根据体育市场已经从功能性转向时尚性的趋势，对FILA进行重新定位，从专业运动转变为时尚运动，从亚洲人的角度出发，设计一些高级运动产品，更好地贴合了中国消费者的需求；另一方面，把产品从经销改为直营，直面消费者，更好地了解需求。我认为销售模式的转变也是为了化解2012年服装库存危机（经销商手中存货太多，无法售出）。通过品牌的重新定性和销售模式转变，成功将FILA扭转盈亏，打造成为安踏的高端品牌。

目前安踏集团的公司战略是将品牌分为了三大品牌群：安踏、安踏儿童、斯潘迪（Sprand）等为主的专业运动品牌群；FILA和小笑牛（Kingkow）为主的时尚运动品牌群；亚玛芬体育、迪森特等为代表的户外运动品牌群。对市场也进行了分层和产品精准定位，市场分为高端、中端和低端。高端市场主要是通过收购来的品牌，中端市场靠主品牌占据。安踏和安踏儿童是安踏集团的主品牌，定位是中端市场，研究报告中调查的就是消费者对于安踏集团主品牌的消费需求。

通过调查消费者对产品的满意支付价格、设计风格，以及消费者购买跑鞋习惯、使用场所和运动习惯等，运用定量和定性的调研方法，得出了目前安踏跑步鞋存在产品定位不清晰的问题，即风格定位不清晰、使用场景不清晰、科技定位不清晰和功能定位不清晰，这些在安踏网购旗舰店和实体店中都有体现，货架上的产品分类并不明显。从这份研究报告中，既可以分析出安踏的优势与劣势，也可以看到消费者的需求和产品发展方向。随着80后与90后年龄和消费能力的增长，过于花哨或者陈旧的产品设计已经很难被接收，在要求产品性能的同时，产品质量和造型也不能落下。虽然被调查人群都表示愿意购买安踏主产品跑步鞋，但是如果与Adidas、Nike在同一价格区间，则表示不会主动选购，表明了安踏主产品认可度还有待增强，难以进入国内的高端市场。

从国内包括身边同学们的反映可以看出，对安踏跑步鞋系列了解甚少，购买的人也不是很多，我觉得这反映了安踏的广告营销在如今网络高速发展的时代做的还远远不够。

结合李经理说的两个部分和我所知的信息，我觉得安踏集团当下的优势主要有以下几个方面：

（1）以安踏集团三十年左右的历史和实力，短时间内在国内没有有力的竞争对手，可以沉下心做科技创新。

（2）FILA 在国内反响极好，营收可观，为安踏从一家传统的民营企业向具有国际竞争能力和现代化治理结构的公众公司的转变做了有力的支撑。

（3）我国的综合国力和国际影响力都在显著上升，这有利于我国自主品牌走出去、走上来。

同样的，我觉得安踏集团存在的问题也非常明显：

（1）安踏 4.0 多品牌计划是从一家传统的民营企业转型成为具有国际竞争力和现代治理结构的公众公司，但企业软文化不够，没有明确的企业文化故事。

（2）安踏主品牌发展并不是很好，不能仅靠收购和合并，要形成有影响力的自主品牌，否则难以打造出自己的企业、民族文化的故事。

（3）主品牌产品定位不清晰。

第三个问题是非常重要的。正如 Puma 曾因为产品定位不清晰，没有贴合消费者的需求，产生了严重亏损，通过精准定位后才得以复苏。因此，做出自己产品的精准定位，对于安踏来说是刻不容缓的。

在这些问题上，我的思考和想法如下：

（1）安踏主品牌应坚持并做好自己的专业定位，可以根据消费者跑鞋的使用场景和购买风格的不同开发对应的系列产品，对消费者习惯进行精准分区与对应的产品定位。

（2）紧跟国家策略，利用"一带一路"经济带，推动安踏主品牌进入沿线国家。因为安踏主品牌走的是大众中端市场，这正好符合"一带一路"沿线中小国家的消费能力。

（3）广告宣传要做好，充分利用网络宣传及与品牌内涵相匹配的代言人。尽管很多品牌的代言人采用大流量明星，靠粉丝消费引流购买产品。但我觉得这并不是一个良好的长久营销方法，不利于品牌形象在消费者心中形成正确良性定位。大部分理智消费者或具有真正需求的消费者并不会因为代言人而冲动消费。

（4）除 FILA 和收购的品牌外，可以酝酿安踏主品牌一个高端产品系列的计划，采用知名体育明星联名或者性能突出的创新科技开发系列产品。在安踏主品牌成功打入"一带一路"沿线国家的中端市场后，携此系列产品走进我国和欧美高端市场。要做好宣传和营销,人们对产品的第一印象非常重要,做到一鸣惊人。正如十几年前安踏与孔令辉在央视合作的广告那样,在消费者心中牢固树立起新产品系列的良好形象。

梁梦辉:刚开始选"现代纺织企业精英实践案列解析"这门课程时,内心是有些不满的,想着这门课其实是不用选的,现在我们又多了一门课。但是从第五周第一次上这门课程时,我觉得非常有必要。目前,我们共上了六次这门课程,每堂课的时间大约两小时,每堂课上都有企业老总或专家跟我们介绍企业运作状况、目前趋势及个人在企业成长的心得体会。虽然只有短暂的两小时,但从每堂课的学习中,我们都有不一样的体验,了解到以前没有接触过的知识。

李总的介绍让我加深了对安踏的了解。安踏是我小时候就对它记忆深刻的一个运动品牌,那时觉得能拥有这个品牌的衣服或鞋子是很难的。从安踏集团的发展历程来看,它经历了一个非常艰难且长久的发展时期。安踏为何能够成功?我认为它成功的关键要素有以下几点:

第一,多品牌战略。通过品牌差异化战略,设计并生产出性能、质量、价格、形象、销售等方面都不同于市场上同类产品,方便消费者识别和判断,成为与众不同的产品或服务,为顾客创造独特价值。多品牌战略在为消费者提供多样化选择的同时,也利于最大限度地占有市场,而且降低企业经营风险。即使一个品牌失败,对其他品牌也没有多大的影响,也能在价格战中捍卫主要品牌,把那些次要品牌作为小股部队,给发动价格战的竞争者品牌以迅速的打击。

第二,新模式运营。采用精细化的品牌零售模式,门店负责人将每天售出货品的数量、品类等资料上传至数据系统,通过这样的方式,公司高层通过手机就能实时掌握每一分钟、每一家门店的销售运营情况,更好地把产品卖出去。此外,安踏集团将持续加大电商渠道的发展。

第三,产品精准定位。主要针对月收入5 000元左右、大学生、白领、爱好运动、居住在二三线城市的消费群体,推出了300元至500元的球鞋,为消费者生产"买得起"的运动鞋。不用价格来衡量它的实力,为消费者提供专业、可靠的篮球装备,同时在价格层面又让大众消费得起,让更多的消费者穿着安踏篮球鞋打篮球,与多家品牌联系,继续收购高端国际品牌来满足高端人群。

第四,强大的执行力。注重店铺营运效率,除订单增长外,还关注产品的售罄率和零售店的库存结构。

即使安踏已经发展得这么好,但我还是有一些自己的建议。纺织行业四大新技术,有新材料、环境友好型纺织品、服装纺织新技术、新智能纺织品。对于安踏的未来发展,我有几点想法:是不是可以从智能纺织品这方面考虑,可不可以将跑鞋做成有体温调节的功能,让消费者运动起来更加舒适?对于经常喜欢运动的人们来说,如果一双鞋能够让他们改善肌肉恢复,那肯定会更受欢迎。但具体怎么实现,是不是可以从新材料方面着手?在我看来,作为一个学生,我们目前需要做的就是让自己多具备一些能力。

安踏成功的另一个关键要素是强大的执行力。我们都是成年人,在研究生阶段,应该有自己的目标。我们必须具有强大的执行力,该做的事情立马做完,培养一些能够适应企业发展所需的能力。我们在学校是有机会了解企业的。在实习阶段,我们应该争取并把握机会,多接触本行业最先进的公司。作为一直在纺织工程专业的学生,我们都非常关心每个与纺织有关的企业的目前情况及发展趋势,因为我们当初选择就读专硕学位,最关心的当然是毕业之后的工作。在这堂课上,我更加坚定了今后从事纺织相关工作的信心,更加明确了未来的职业方向。

很多人毕业之后就转到其他行业。从本科选择这个专业开始,家人、亲戚、朋友都认为我未来的工作就是织布。也有很多人认为纺织这个专业没有前途,工资低,工作环境也差。但我还没有改变自己的想法,有哪份职业是轻轻松松的呢?每份职业都需要付出辛勤和汗水。纺织行业的每一步前进和发展都值得我们本专业的人继续努力。要想为纺织行业做贡献,我们首先得培养自身对纺织专业的兴趣,从课本理论知识中很难找到这方面的兴趣。因此,研究生学习阶段,我们可以多做实验研究。我们生活的方方面面都和纺织有关系,我们可以让很多人穿上功能性纺织品。这是多么伟大的一项事业。

如果仅仅学习课本理论知识,就想成为企业需要的人才,那是远远不够的,必须时刻关注新时代纺织企业的发展趋势,了解新技术,增加见识,应该抓住去纺织面料展和企业参观的各种机会。虽说我们现在没有经验,但每个人的经验都是靠长期工作积累的,熟能生巧。相关的知识,我们都应该懂一些,敢于尝试,多亲自动手,勤思考,善于学习。学习是需要一定方法的,必须有一定的经济头脑,正如安踏的口号:"我选择,我喜欢,永不止步。"既然我们选择了纺织专业,我们就应喜欢我们的专业,并不断地在纺织行业的前进过程中贡献出自己的一份力量。

路明哲:听了一场来自安踏公司纺织未来技术研发部李景川经理的讲座,我感触很深。我从他身上没有看到有时形容企业高管的高傲,看到的是他自身的内涵与思想。更重要的是,他生动深刻的演讲深深地吸引了在场老师和同学们。李经理讲述了安踏公司的发展历程,还有安踏公司的价值理念与未来目标。

同时,我们还学习到了安踏公司所坚持的消费者导向、专注务实、创新超越、尊重包容、诚信感恩的核心价值观。坚持以消费者为导向,理解消费者,洞察消费者趋势,快速响应并满足消费者需求。秉持"精、细、实、严"的求真态度,致力于体育事业共成长。我们从不惧怕变革的风险,应对前瞻的格局,以随需而变的创新,创造客户终身价值。坚持"尊重差异,包容多样,相互欣赏"的原则,营造开放包容的氛围,坚持以贡献者为榜样,使贡献者得到合理的回报。坚持笃信诚实正直、信守承诺的处世原则,永怀感恩之心,善尽社会责任。

现在市场上的专业运动装备,从前期研发到设计生产,基本都采用全球统一版型,不会特别考虑地域差异对运动爱好者的身体特点和运动习惯的影响。安踏作为中国国内体育用品的领导品牌,向市场推出"专为中国人设计"的专业运动产品,不但说明了中国体育用品市场的不断扩大和消费者的日渐成熟,更意味着国内的体育用品在技术研发上有了新的突破,从技术和市场开发上具备了和国际品牌一争高下的实力。

此外,我们还认识到,作为企业员工应该具备的能力和态度。一是学习。一个没有学习能力的人就没有了竞争能力,没有竞争能力就没有了生存能力。只有不断地学习,拥有积极向上的心态,才能不断地提升自我。同时,一个积极向上的人也能引导、影响身边的人,能用好的学习态度感染身边的每个人。每个人都应该学会发现别人的优点并学习。同时,人无完人,也应该学会包容别人的缺点,并以此提醒自己。一个人如果只看到别人的缺点,那么他就少了一条提升自己的重要途径。二是负责任。不找任何借口推卸责任,努力提升自己。虽然能力不是决定薪资水平的唯一标准,但能力是决定薪资水平的重要标准,而发现问题、解决问题就是提升自身能力的重要途径,如果在遇到问题的时候,把问题像皮球一样往外踢,这是对工作、对生活都极不负责任的表现。我们只有勇于承担责任,勇于面对问题,努力解决问题,才能使自身能力在工作中得到提升。

最后,感谢来自安踏公司的李经理的精彩演讲。他带给我们一场意义深刻的讲座,让我们知道安踏这样的大企业,是如何一步步走向强大的。优秀的企业在于有足够的气魄,有远大独到的目光,敏锐地接受时代散发的气息,紧跟时代潮流,甚至成为时代的弄潮儿,引领时代的进步。

禹晴: 随着现代科技的发展和网络信息时代的到来,人们的消费思维和方式发生了变化,这对安踏运动品牌提出挑战的同时,也为它创造了前所未有的发展机遇。

通过学习和思考,对安踏公司的发展提一些自己的思考。为进一步迎合市场经济改革,满足社会大众的多元化需求,安踏运动可采取的品牌营销策略如下:

(1) 充实文化内涵。时至今日,产业融合已成为各个行业发展的主流意识。长期的实践经验表明,现代人更偏向于情感消费,受品牌文化的影响颇重。相比于其他元素,文化作为思想、知识、意识的集合,对人们的影响无疑是潜移默化且深远的。安踏体育用品公司应该注重与文化产业的交融,进而有效提升运动品牌的内涵。在经济全球化背景下,安踏运动品牌不仅要融入中国传统优良文化,还要善于从国际文化体系中撷取元素,内化并为己用。以安踏体育用品公司为例,可以赞助支持开展多样化的文化实践活动,如篮球友谊竞赛等,利用文化平台宣传品牌,使企业形象深入人心。除了这些,品牌文化还是对企业内部管理的一种展示,体现了人文精神、职工形象等。因此,安踏体育用品公司还需加大品牌文化的内部宣传力度,并就企业品牌相关的事件和产品进行宣传,使每一位职工了解其深层次的内涵,培养他们良好的企业认同感与归属感,借此激励全体职工为实现企业可持续发展战略目标而不懈努力。

(2) 承担社会责任。社会主义价值观体系培育下的各行各业,理应具备良好的社会责任和意识,并积极主动地承担,以赢得社会成员的认同及赞誉。承担社会责任无疑是企业自我宣传的有效手段,对提升企业品牌形象有着莫大的好处。对于安踏体育用品公司而言,除了承担组织就业、缴纳税务等基本社会义务之外,还应积极参与多种多样的公益活动,充分利用自身优势推动我国体育事业的发展。例如,安踏体育用品公司可以依据自身发展情况,设置公益专项资金,用于支持弱势群体的体育健身活动,或投入到教育领域。如此不仅有利于促进社会和谐,同时还能赢得公众的赞誉,为自己的品牌形象加分。此外,安踏体育用品公司还应致力于生态建设,在建厂、采购、生产、物流等多个环节考虑环境保护问题,尽量选择无污染的原材料,积极引进先进工艺设备,为后世子孙造福。如此一来,采取符合公众需求及期盼的品牌营销策略,势必会在可持续发展的道路上愈行愈远。主动承担社会责任,既是企业发展的根基,也是企业成功品牌营销的有效途径。

(3) 增强与消费者的沟通。信息化时代背景下,品牌营销的方式是多种多样的,但其成功的关键在于能否满足顾客需求,包括使用需求、审美需求、情感需求等,而了解顾客需求的基本途径又依赖于有效沟通。因此,增强消费沟通成为安踏体育用品公司运动品牌营销的重中之重。在品牌营销的过程中,企业都在传递产品或服务信息,而这些就是企业对顾客最庄重的承诺,需要尽力兑现。兑现承诺,不单单是赢取消费者信任的重要途径,更是解决当前国内市场同质化竞争、企业品牌形象模糊的基本要求。传统营销概念下,企业关于产品或服务信息的传递都是单向的,消费者只是处于被动位置,选择范围有限。但是,在新媒体时代,数字化使得消费者更容易接受产品或服务信息,进而主动选择。网络改变了人们的消费方式,同时为企业品牌营销提供了创新机遇。在这样的环境下,安踏体育用品公司应积极寻求品牌营销创新,认真研究新媒体发展规律,利用官方微博、微信等,认真听取群众的心声,针对他们提出的意见或建议进行改革优化,在良好的口碑支持下,进一步扩大品牌影响力。

总而言之,行之有效的运动品牌管理与营销策略,对于体育用品公司的可持续发展至关重要。未来,面对开放的经济市场,体育用品行业内部竞争将持续加剧,品牌管理与营销的价值也将得到进一步体现。

卢晨:青年一代对国产运动品牌的印象一直停留在设计缺乏美感、版型粗犷的层面。再加上阿迪、耐克等对中国市场的重视和快速扩张,使得国产品牌腹背受敌,面临非常严峻的挑战。为了突破发展的困境,国产品牌一改往日模糊的品牌定位。在精准的定位下,一边基于消费者的喜好不断开发出紧随潮流的产品;一边改变公司经营模式,由专业化策略向多元化策略发展。

安踏冲出困境的经验给我们提出了"国产品牌应该何去何从"的问题,而这不仅仅局限于运动品牌,随着人们爱国情绪的高涨,一波波"国潮热"席卷而来。北京故宫文创用品的火爆、李宁产品登上国际时装周的舞台,这些都在告诉我们,要做出品牌,仅仅靠低水平低层次的"中国制造"是不够的,必须创新,产品要创新,经营战略也要创新,将"中国制造"变为"中国创造"。只有创新,才能驱动经济发展。另一场讲座的主讲人龚总认为创新在实质上可分为三种:

(1) 原始性创新,如盘古开天辟地一样,实现从无到有。

(2) 相关技术的有机融合,但这种创新方式会产生很多的伪创新。

(3) 在引进先进技术的基础上,消化、吸收、再创新,这种创新方式是目前采用较多的。

作为研究生,在学习生活中,创新对我们也尤为重要。要想提高我们的创新能力,首先应该培养自己的创新思维,例如在阅读文献的过程中,不能只是被动地接受知识,要去主动探究实验背后的意义及结果的准确性。学习作者实验和写文章的思维逻辑,保持一种批判性的态度去阅读文献。批判就是科学研究主体在科学实践过程中应具有的一种善于发现问题,大胆扬弃传统知识,敢于否定和超越前人知识成果的思想意识。一个墨守成规的研究生是很难在课题上做出创新性成果的。现在很多导师对研究生课题都要求学生自主选择,这对我们的创新思维是一个很大的挑战,必须在广泛涉猎国内外相关文章的基础上,通过探究思考,发现问题,提出问题,并且根据前人的经验创新性地制定自己的实验方法,预估实验结果。作为工科学生,培养自己的实践动手能力也是非常重要的。要充分利用自己所学的理论知识去解决实际问题,通过动手实践将创新性设想应用于解决问题。想法如果不付诸于实践,始终只是一个想法,不能起到推动科技创新和社会发展的作用。想法只有"落地生根",才能判断它是否符合市场需求。例如某公司生产的成人排尿排便自动处理机,起初只考虑到人口老龄化越来越严重而产生的一个想法,后来以租赁的形式投放于市场,产生了供不应求的现象。因此,市场是检验创新是否成功的标准,从想法到市场的这一过程中,最重要的就是实践动手能力。

其次,必须深化实施供给侧结构改革。现在不再是工厂生产什么,消费者购买什么的供需结构,而是消费者需要什么,工厂应该生产什么。消费者对消费品的需求不仅仅满足于基本的功能,而提出了更高的要求,例如有特色的设计,更舒适的体感等。从体育运动品市场来看,人们为什么愿意花更多的钱购买国外品牌?排除年轻人爱慕虚荣的一部分原因,更多的原因在于设计。消费者的主力军是年轻人,而大多数年轻人在购买商品的时候都是"颜控",同样的功能则更偏爱设计好看的。之前国内运动品牌市场低迷,甚至有不少品牌公司面临倒闭的危机,重重危机让各大品牌都在寻找转型冲出困境的方法。服装品牌"Uniqlo"与设计师合作设计的联名款的热卖让其他企业看到了转型的希望。要想产品获得消费者的认可,首先就应该站在消费者的立场上明确产品要求,打造出能够吸引消费者目光的产品。李宁的"韦德之道"作为篮球鞋的旗舰款,初始销售价格已突破千元,但人们还是趋之若鹜,原因就在于这款篮球鞋的设计理念深谙消费者的心理。韦德作为NBA全明星超级球星,粉丝数量自然不少,带货能力也非同一般,鞋子设计的理念是将韦德的球风和生活作风融为一体,代表场上与场下、功能与风格、一体两面的完美结合。这款鞋不仅在功能上具有专业水准,因为它运用了李宁"Bounse"和"Cushion"等先进科技,而且在设计上也极具艺术感与韦德特色,紧紧抓住了消费者的眼球,自然迎来了销售额的持续增长。

最后,在品牌宣传方面,不能局限于明星效应,应该多种宣传策略并用。明星效应的劣势:一方面在于宣传费用过高,李宁公司每年销售收入巨大却不赚钱的原因可能就在于宣传费用占比过大;另一方面,如今多个品牌在挑选代言人时将目光转向流量小生,但流量小,粉丝群体有限,且娱乐圈不断更迭,新人辈出,如果没有优秀作品,就会造成流量持续下滑,这对雇佣公司的销售和发展都是极其不利的。为了减少这种情况所产生不良的影响,要采取"鸡蛋不能放在同一个篮子里"的策略,不能仅靠明星宣传来提高销售额。随着互联网的发展,各大社交网络平台涌现出带货能力极强的"网红",有时候超级网红一场直播的销售额可达到几十亿元。且与明星相比,合作时间短,宣传费用低,对公司而言,风险也较小,网红带货成为各大品牌备选的宣传方案。此外,对于国产品牌来说,要想提高国民认知度和销售量,可以先从海外市场入手,首先获得国外市场的认可,这有利于快速提高国内知名度。国产手机品牌"华为"起初在国内并不被大众认可,但随着媒体网络的发达,我们发现华为手机在国外的销售量大幅提高并且获得了一致的好评。由外及内,再加上华为在产品创新和科技进步上做出的巨大贡献,使得华为一跃成为国民品牌,不仅销售量位居前列,而且获得大众的赞扬与认可,实现了品牌双赢。多渠道宣传不仅能降低风险,而且还能起到更好的宣传效果。国产运动品牌可以借鉴华为的成功经验,进而提高国民认可度和品牌忠诚度。

李总所讲述的安踏近些年的发展与变化让我感受颇多。作为国产品牌里的知名品牌安踏已发展艰难,足以想象出其他国产品牌的发展窘境。以上分析就是根据安踏的经验得出的经验与教训。伴随着中国经济文化实力越来越强大,我们的民族自信也在不断提高。希望"国潮"不再是一股潮流,而成为常态。要实现这一目标,不只是企业要做出改变,现如今中国品牌开始有意识地创作设计本土的潮流文化,而不是一味地跟风,却丢失了中国文化根基。但在设计方面,可能考虑需要更多的内涵性,而不是单纯采用中国符号的叠加,且品质方面要严格把控,不能玩销售的噱头,这样只会使消费者失去对国货的信任。大众也应该提升民族文化认同感,携起手来共同助力国货,让中国品牌走出国门,成为世界的潮流。

"现代纺织企业精英实践案例解析"这门课马上要结束了。整个过程中,听了多位纺织或服装企业精英的报告。从生产原料到生产技术,从产品创新到企业经营,让我对纺织有了更深的了解与喜爱,也让我认识到自己需要学习的东西还有很多。学习不单单是学习课本上的知识,身处纺织第一线的专家们带给我们的经验才更加宝贵。通过这门课,学习到了很多之前不是很了解的知识,不仅仅是纺织相关知识,更多的是与企业经营和运行相关的内容。很多人包括身边的人都认为纺织行业是"夕阳行业",已经由盛转衰,过了鼎盛期,对纺织行业的发展前景也持消极悲观的态度。但经过本科四年及研究生的学习,我渐渐认识到原来他们口中的夕阳行业不过是最原始的纺织行业,是之前的劳动密集型产业。但现代纺织行业不再以劳动密集型为特点,而是机器代替人类,与航天航空、生物医用等高精尖产业联系在一起,纺织行业还有许多待开发的方面,是"朝阳产业",而纺织的进一步发展离不开我们这代纺织人的努力。感谢这门课为我打开了新纺织的大门,为了今后更好地做贡献。道路且长,仍需努力。

林晓英：李景川老师通过讲述自己的经历以及安踏的发展进程,给我们未来的学习和工作带来了很大的启发。首先从他个人的工作经历来说,几年安踏研发部的工作,让他对产品未来的方向有着深刻的理解。反观我们的研究生学习生活,务实学习纺织的基础专业知识,比好高骛远,要强得多。在对于自己的未来还没有规划的时候,更应该扎实基础。也许在这个过程中,我们会找到适合自己的事业。

其次,从安踏的发展进程以及战略规划看,安踏通过一份消费者研究报告,总结其风格定位不清晰、科技定位不清晰、使用场景不清晰和功能定位不清晰。从中给我最深刻的体会是,产品定位准确对于品牌发展十分重要。产品定位分为对内和对外。对内,指的是给公司内部决策;对外,指的是给用户看。

因此我的小建议是,对内：(1)初步划定市场范围,打算针对哪些用户群体,满足用户哪些需求;(2)对该市场的竞品进行分析,选定目前排名前列、新兴的竞争对手,进行SWOT分析;(3)挖掘独特卖点,知道市场用户的需求点有哪些,其中哪些需求还没被满足,哪些需求可以升级优化。然后选取最核心最有吸引力的作为卖点;(4)清晰传达产品定位,将产品主要面向哪些用户、满足哪个需求、核心优势(独特卖点)是什么等内容向公司内部传达,以指导团队做事的方向。

对外：(1)产品名和口号,要反映出内部制定的产品定位,让用户知道产品的特点；(2)产品功能；(3)视觉效果。

我个人认为安踏的产品定位如果能够更加精准,那么公司发展及产品销售或许能呈现更快的上升趋势。

安踏为何不能像耐克一样,有NBA巨星的联名系列,例如耐克的AJ系列？就像李老师说的,当代我们品牌资源十分重要,资源越丰富,机会就越多。那么如何积累资源呢？身为东华的学生，我们在国内一流纺织学科学习，我们本身就具有学校带来的丰富资源。我们的师兄师姐大多在全国各大企业任职，我们的学历是最权威的，那么我们的能力应该配得上这样的资源。我们有更多的机会，但是我们在机会面前是否已经准备好了呢？在这次课堂上，我最大的体会还是，我们有资源，有平台，我们对自己必须有清晰的定位，学好专业知识，等待未来可能随时出现的机遇。

张舒雨：总体来说，这节课对我自身来说，收获还是非常大的。虽然对安踏一直都有关注，但是在看到它已经成为世界上第二大运动品牌的时候，还是非常惊讶的。安踏是国民度较高的运动品牌，李老师在课上说的一句话让我印象深刻："就是要做世界的安踏。"这句话非常有分量，也透露出安踏未来的方向和前景。在这堂课之前，我一直不知道FILA其实是安踏收购的牌子。我认为收购FILA在大中华区的代理权，是安踏在市场不景气的情况下获得连年增长的一个十分重要的原因。李老师也说，FILA马上要超过Anta主品牌，成为安踏集团最大的一个品牌。通过课后查阅资料，更加深刻地理解到安踏收购这些品牌公司的核心看点在于以下几点：

（1）品牌质优

针对不同收入群体，都有相应的品牌定位，拥有从中低端到高端的多个品牌。主品牌安踏通过近几年产品提升和新兴营销手段推动，在国产运动品牌中建立了明显的品牌优势。并购品牌（包括FILA在内）的共同特点是品牌质优但在并购前运营情况差。安踏对这些品牌管理赋能，重焕品牌活力。其中安踏品牌定位于极致性价比，品牌营销更多地是为了保持品牌的持久曝光率，打造国内第一大运动品牌的形象。公司在传统营销方式上实现了全面布局，包括奥运会赛事赞助、运动员代言、娱乐明星代言等。FILA则定位中高端运动时尚品牌，通过明星代言、综艺节目植入等新兴营销方式增加曝光度，在高端运动休闲产品领域具有优势地位。

（2）产品进步

公司近几年在研发方面投入力度大，运动鞋尤其在篮球鞋方面自主技术进步明显，KT系列鞋认可度逐代提升。

（3）渠道供应链壁垒愈加深厚

公司在行业内首先实施零售导向的发展模式，渠道效率在行业内优势明显；公司多品牌策略积累了一批优质供应商，在生产研发方面亦持续投入，这使得公司在供应链品质和效率方面均有提升。

未来建议：

（1）抓住年轻人的目光

消费者年龄分布日趋年轻化，只有紧紧地抓住年轻人，更好地经营FILA等年轻品牌，可能是安踏之后继续保持高速增长的一个关键因素。

(2) 创造新型营销模式

品牌要独辟蹊径,凸显出独特的时尚品位。在移动化、社交化、可视化的信息传播新趋势下,营销行业正面临如何营销的难题。曾经驾轻就熟的营销案例,今天就可能变成一个笑话。在营销思路和营销方式上,本土品牌还需找到适合自己的新切入点,以独特的时尚营销吸引增量,尤其是年轻人的市场。

(3) 树立品牌形象

就像人们提到苹果,就会想到简洁,极致,值得信任;提到宝马,就会想到舒适,可靠性,这就是品牌的价值。消费者购买一个品牌的商品,除了对这个品牌的认知,还包括对其商品的喜爱,功能的需求。影响消费者选择一个品牌的因素是多元的。其中,品牌所主张的理念是重要因素之一。安踏之后可以将自己的定位更精细化,让人们提到安踏,就有一种信任感,消费者在购买中国商品时,能够有一种强烈的自豪感,树立品牌符号非一朝一夕。纵观耐克、阿迪达斯的发展历程,均在品牌形象上持续下功夫,多年来给众多消费者留下了品质优良的品牌印象。这方面,本土品牌已经开始下大力气迎头赶上,但是由于起步晚,品牌意识和团队建设没有完全跟上,品牌形象的统一性、稳定性较差,服装品质忽高忽低的现象时有发生。为了实现这一点,中间还有很长的路要走。我也对安踏的未来非常地看好和有信心,希望安踏早日成为世界第一的运动品牌。

张欢欢:在本次报告中,李景川经理介绍了安踏集团的概况和发展前景,大家也一起讨论了一些问题。以下是我对本次报告的一些感想:

(1) 国产跑鞋品牌的发展

耐克、阿迪达斯等国外品牌的知名度比较高,但品牌带来的溢价也使得其当季新品价格通常可达到800~1 200元甚至更贵。国产跑鞋,如特步、安踏等近几年的显著进步是有目共睹的,"性价比高"也是国产品牌常用的宣传语。随着国产跑鞋的发展,价格也有了一定攀升,但仍比国外品牌便宜不少。总体上来说,仍然有一部分人对国产跑鞋存在偏见,而这种偏见只能通过国内企业不断进步、国产品牌不断壮大来打破。消费者有这种看法,一方面是因为大家对国产品牌的固有印象;另一方面则源于国产跑鞋在材料选用、功能设计、舒适性等方面确实和国外品牌有差距。

令人欣慰的是,据我了解,近几年随着国产品牌逐渐做大做强,比如李宁、特步等品牌,都建立了自己的跑鞋实验室,其中包含大量高科技设备。比如动辄上百万元的步态分析跑步机、动作捕捉系统、足底压力测试系统、高速摄像系统等等,基于这些黑科技的实时检测,跑鞋在质量和性能上会取得很大进步。

品牌的形成是历经多年最终在消费者心目中所积累的口碑和认可度,要想彻底转变消费者对于国产跑鞋的认知度,纠正人们国产跑鞋不如国际品牌的印象,国产品牌还需要不断努力。

（2）创新的重要性

创新是发展的重要动力。一个企业，一个品牌，只有充分了解前沿时事，了解最新行业动态，抓住机会进行自我改良和创新，才不会被这个飞速发展的时代抛下。进入21世纪以来，中国发展迅猛，人们的消费水平也提升了很多，这自然带来了审美的提升；而市场扩大又带来消费者选择的多样性，跑鞋的款式、颜色、质地甚至环保材料的使用等，都需要不断创新来满足消费者的喜好和需求。

（3）宣传的重要性

最后谈一谈李经理在课上和我们讨论的一个问题，就是关于产品宣传，如何获得利益最大化。安踏集团的消费者调研中提到，安踏都是请体育明星进行产品代言，广告比较少。但是一方面，体育明星的宣传范围都在体育迷之间，而非常喜爱体育的消费者通常会选择价格定位较高、更适合专业体育运动的国际品牌，这方面安踏是不占优势的；另一方面，安踏的消费者大多是大学生和年轻上班族，对于这样的群体，体育明星显然没有覆盖到。现如今的明星效应比起品牌效应不遑多让，安踏走的是较为亲民的路线，完全可以请一些二线的偶像明星来代言，做一些宣传会、vlog等；也可以请一些微博大V来做推广。作为一名追星女孩，我确实从喜欢的明星那里逐渐熟悉了许多性价比很高的品牌。

总之，本次报告既能让我获取新的知识，又让我有了一些思考，是一次很有意义的报告。案例课堂让我们增加了许多课本外的知识，是非常适合我们，特别是专业学位研究生选择的课程。建议学弟学妹们有机会一定要选它，一定会让你们感觉这是一门"物超所值"的课程。

第六节 小　　结

本次讲座聘请了从安踏公司成长起来的专家李经理来给学生做分享。专家围绕所在企业的发展及专家自身成才的"心路里程"变化来总结、介绍，内容真实，生动有趣，获得了同学们的共鸣。下面是部分同学听讲座后的所思所想所悟的精彩片段：

"几句文字当然无法概括李总多年纺织行业的从业经历。但是我们从李总的个人经历上学习到不少，同样来自普通家庭的我们，仿佛能从李总的经历上看到我们未来的路。

作为一名工科生，一名纺织专业硕士毕业生，如何实现自我沉淀，沉下心来是极为重要的。拥有正确、良好的心态应对毕业初期的工作，制定合适的职业生涯规划，才是良好的开端。这种来之不易的讲座及合适的演讲人带给了学员极大的帮助。"

"'现代纺织企业精英实践案例解析'这门课让专业学位研究生对未来形成了清晰的

视野,让学生能够做出合适的职业生涯规划。"

"从刚开始选'现代纺织企业精英实践案例解析'这门课程时,内心是有点不满的,想着这门课其实是不用选的,现在我们又多了一门课。但是从第五周第一次上这门课程时,我觉得非常有必要。目前,我们总共上了六次这门课程,每堂课的时间大约两个小时,每堂课上都有企业老总或专家跟我们介绍企业运作状况、目前趋势及个人在企业成长的心得体会。虽然只有短暂的两小时,但从每堂课的学习中,我们都有不一样的体验,了解到以前没有接触过的知识。

在这堂课上,我更加坚定了今后从事纺织相关工作的信心,更加明确了未来的职业方向。"

"一个企业成功的关键要素有以下几点:

第一,多品牌战略。

第二,新模式运营。

第三,产品精准定位。

第四,强大的执行力。"

"如果仅仅学习课本理论知识,就想成为企业需要的人才,那是远远不够的,必须时刻关注新时代纺织企业的发展趋势,了解新技术,增加见识,应该抓住去纺织面料展和企业参观的各种机会。虽说我们现在没有经验,但每个人的经验都是靠长期工作积累的,熟能生巧。相关的知识,我们都应该要懂一些,敢于尝试,多亲自动手,勤思考,善于学习。学习是需要一定的方法的,必须有一定的经济头脑,正如安踏的口号:'我选择,我喜欢,永不止步。'既然我们选择了纺织专业,我们就应喜欢我们的专业,并不断地在纺织的前进过程中贡献出自己的一份力量。"

"作为研究生,在学习生活中,创新对我们也尤为重要。要想提高我们的创新能力,应该培养自己的创新思维,例如在阅读文献的过程中,不能只是被动地接受知识,要去主动探究实验背后的意义及结果的准确性,保持一种批判性的态度。批判就是科学研究主体在科学实践过程中应具有的一种善于发现问题、大胆"扬弃"传统知识、敢于"否定"和超越前人知识成果的思想意识。一个墨守成规的研究生是无法在课题上做出创新性成果的。现在很多导师对研究生课题都要求自主选择,这对我们的创新思维是一个很大的挑战,必须在广泛涉猎国内外相关文章的基础上,通过探究思考,发现问题,提出问题,并且根据前人的经验创新性地制定自己的实验方法,预估实验结果。作为工科学生,培养自己的实践动手能力也是非常重要的。要充分利用自己所学的理论知识去解决实际问题,通过动手实践将创新性设想应用于解决问题。想法如果不付诸于实践,始终只是一个想法,不能起到推动科技创新和社会发展的作用。想法只有"落地生根",才能判断它是否符合市场需求。因此,市场是检验创新是否成功的标准,从想法到市场这一过程中,最重要的就是实践动手能力。"

"'现代纺织企业精英实践案例解析'这门课马上要结束了。整个过程中,听了多位纺织或服装企业精英的报告。从生产原料到生产技术,从产品创新到企业经营,让我对纺织有了更深的了解与喜爱,也让我认识到自己需要学习的东西还有很多。学习不单单是学习课本上的知识,身处纺织第一线的专家们带给我们的经验才更加宝贵。通过这门课,学习到了很多之前不是很了解的知识,不仅仅是纺织相关知识,更多的是与企业经营和运行相关的内容。很多人包括身边的人都认为纺织行业是"夕阳行业",已经由盛转衰,过了鼎盛期,对纺织行业的发展前景也持消极悲观的态度。但经过本科四年的学习及研究生的学习,我渐渐认识到原来他们口中的夕阳行业不过是最原始的纺织行业,是之前的劳动密集型产业。但现代纺织行业不再以劳动密集型为特点,而是机器代替人类,与航天航空、生物医用等高精尖产业联系在一起,纺织行业还有许多待开发的方面,是"朝阳产业",而纺织的进一步发展离不开我们这代纺织人的努力。感谢这门课为我打开了新纺织的大门,为了之后更好地做贡献。道路且长,仍需努力。"

第六章 上海申达股份的发展历程（案例六）

（讲座时间：2019.11）

第一节 公司概况

上海申达股份有限公司（简称"上海申达"）的前身为上海申达纺织服装（集团）公司，成立于1986年12月，1992年改制成为股份制企业，1993年1月7日上市，是上海率先成立的以出口为主导的外向型上市股份公司。公司注册资本4.73亿元，2007年末资产总额达27.47亿元，净资产达17.37亿元，是一个具有棉纺织、印染、服装、线带、产业用纺织品、汽车装饰、内外贸、房地产等多种经营领域的跨行业、跨地区、外向型、多功能的综合型大型企业。

公司经营范围主要有高支纱线、高密织物、纺纱织布、两纱两布、精细特阔印染、各类服装、土工布、过滤布、汽车装饰用布及各类线绳带等产品复制品及技术出口，生产所需原辅材料、设备及技术进出口、物业租赁及对外投资、技术咨询服务等。公司的主要产品有以地毯为主的汽车配套装饰用品，以膜结构为代表的产业用布，以土工布为主的产业用布，以"双虎"为品牌的各类制线，以"火炬"为商标的特殊工业用布、汽车用复合材料、吸声材料等车用材料，以高级液氨整理及特阔幅为特色的印染面料，以及以服装为主的出口纺织品。公司提供劳务的主要内容为出口代理。公司各生产线具有设备先进、功能齐全、品种新颖等特点，拥有"名勋""飞轮""火炬"等著名品牌。

公司属下有上海申达进出口有限公司、上海八达纺织印染服装有限公司、上海第七棉纺厂、上海第三十六棉纺针织服装厂、上海第二印染厂、上海司麦托印染有限公司、上海第三制线厂、上海新纺织产业用品有限公司、上海申达科宝新材料有限公司、上海火炬工业用布厂、上海无纺布厂、上海汽车地毯总厂等企业。公司拥有两个进出口渠道，分别是上海申达进出口有限公司和上海八达纺织印染服装有限公司，出口规模和效益连年位居全国纺织自营进出口企业榜首，多次被评为上海自营出口先进企业。2002年，两公司出口创汇3.14亿美元，分别获得上海外贸出口百强企业银奖，在2002年度上海市企业出口额前100名中分列第34位和第36位。2005年,两公司出口创汇5.16亿美元,同时获得上海市外贸出口百强企业银奖。2006年,根据"中国纺织品服装对外贸易年鉴"统计,两公司在中国服装出口企业中分列第23位和第32位。公司已与世界上120多个国家和地区的1 000多个客户建立了长期稳定的业务关系。

第二节　授课专家概况

龚杜弟:在上海申达和上海汽车地毯总厂分别担任技术总监和副总经理职务,主要从事汽车纺织零部件技术研发和制造工作。

龚总于2002年从东华大学纺织学院纺织工程专业研究生毕业,之后到上海汽车地毯总厂工作。在工作中,他充分利用学到的知识,发挥自己的特长和能力,带领团队开发出一批批新技术、新产品,有的超过了国际水平,创造了很多国内第一,赢得了国际著名整车厂和行业同行的肯定。龚总现在是国内汽车内饰技术的带头人,同时也是东华大学和上海工程技术大学等高校的研究生校外导师。龚总被评为"上海纺织项目科技带头人",曾获得"全国五一劳动奖章"等荣誉称号,获得授权发明专利八项,所主持的项目中有十多项获评市级以上科技进步奖。

个人取得的荣誉主要如下:
(1) 2010年获得"上海市劳模"称号。
(2) 2011年获得"全国五一劳动"奖章。
(3) 2012年当选中国共产党上海市代表大会代表。
(4) 2015年获得"中国纺织技术带头人"称号。
(5) 2016年获得"上海工匠"称号。
(6) 2017年获得"中国纺织大工匠"称号。
(7) 2018年获得全国"做出突出贡献的工程硕士学位获得者"(全国共评出100位)称号。

第三节　授课内容介绍及评述

龚总的讲座内容分为以下几个方面:

一、关于纺织产品开发与创新

(一) 产品开发

首先是样品的开发:产品功能、外观要求、测试标准;造型尺寸、型面误差、装配孔边误差要求;重量要求。一旦方案通过,新产品项目便转入详细设计阶段。

该阶段的基本活动是产品原型的设计与构造,以及商业生产中使用的工具与设备的开发。样品开发流程的核心是"设计—建立—测试"循环。所需的产品与过程都要在概念上定义,而且要体现于产品原型中(可在计算机中或以物质实体形式存在),接下来应进行对产品的模拟使用测试。如果产品原型不能体现期望的性能特征,工程师应改进设计,以弥补差异,重复"设计—建立—测试"循环。该阶段结束后,以产品的最终设计达到规定的技术要求并签字认可作为标志。

接下来进入小规模生产阶段。在该阶段,于生产设备上加工并经过测试的单个零件已装配在一起,并作为一个系统在工厂内接受测试。在小规模生产阶段,应生产一定数量的产品,也应当测试新的或改进的生产过程应付商业生产的能力。正是在产品开发过程中的这一阶段,整个系统(设计、详细设计、工具与设备、零部件、装配顺序、生产监理、操作工、技术员)组合在一起:注册、立项、环评、能测;土地购置、厂房设计审核、招标、建设、验收;招工、培训。

产品开发的最后一个阶段是增量生产。在增量生产阶段,开始以较低的数量水平进行生产,当组织对自己(和供应商)连续生产的能力及市场销售产品的能力有足够的信心时,再增加产量。该阶段的具体工作:设备流水线平面布置、设备订购、安装测试;模具订购、试模;原材料采购;试生产、爬坡;持续改进。

(二) 产品创新

要想成功开发行业内从未出现的全新产品是十分不易的,市场与技术的不完备意味着巨大的投入浪费与极高的产出风险。尤其在传统且发展成熟的纺织行业,成功的企业大多选择利用高新技术和先进适用技术改造传统产业的方法进行创新,发挥科技优势,占领市场。

创新的三个途径:一是科学发现和技术发明的原始知识创新;二是各种相关技术有机融合,形成有市场竞争力的产品和产业的集成创新;三是在引进先进技术的基础上消化、吸收的再创新。

创新项目该如何挖掘呢? 这可以从以下几方面考虑:

第一,可以在寻找现有行业存在的问题这个过程中发现创新项目,例如在解决自动化程度、能耗大等问题的过程中进行创新,解决以往的成本问题、环保问题、质量问题等。

第二，可以在开发新产品或新模式的过程中，针对其新外观、新功能、新材料，或者使用新的工艺、新的设备等方面进行创新。

第三，为超越同类市场上的竞争对手，可以在降低成本、提高产品质量及提供更好的服务等方面进行创新。

龚总还介绍了目前纺织行业的四大新技术及新材料。

（1）新材料：纳米材料（纳米纤维、纳米结构材料）；光导纤维；蜘蛛丝；复合材料。

（2）服装纺织新技术：导电性皮芯型复合纤维技术；数码印花技术；创新色彩设计（变色材料、纳米结构）；快速生产工艺（3D打印、德国工业4.0）。

（3）环境友好型纺织品：可生物降解纺织品；可再生纤维纱线和服装；生物基高分子材料；低过敏性天然橡胶。

（4）新智能纺织品：体温调节纺织品；改善肌肉恢复纺织品；监测身体信号纺织品；增强现实技术试穿潮鞋；能量回收纺织品；幸福感增强纺织品；个人防护装备；电磁屏蔽纺织品等。

然后，龚总以"解决目前涤纶布染色生产中的印染废水问题"为例，对纺织产品创新概念做更深入的剖析。简单而言，技术人员发现传统涤纶布染色过程中采用的高温水洗、高温染色及漂洗加工都会产生大量的废水、废液，于是以这些加工步骤为切入点，改进现有染色工艺，创新出以浸轧、红外线及热风烘干组合的无污水染色技术，在行业内引起了极大的反响。

总而言之，无论是中小型还是大型纺织企业，其创新大多是在前人的基础上进行模仿、改进而完成的。

对创新项目进行挖掘，其实十分考验项目开发者的能力。龚总对此简单分享了积累的开发经验及创新灵感的方法。首先是熟能生巧，积累经验最主要的方法是长期工作。其次是要避免闭门造车，在对关键专业知识和业务精通的前提下，需要了解其他相关专业知识，并及时了解纺织行业内先进的公司、技术、产品等情况。另外，要不断完善自我，培养勤于思考、善于学习、敢于尝试的能力，还需要养成对事情全方位考虑，尤其是对经济效益进行充分考量的习惯。

如何进行产品开发呢？首先要进行市场调研。市场调研内容需要包括：企业要做什么样的产品？市场需求如何？前景如何？国家政策支持程度如何？竞争对手有哪些？竞争对手的产品价格、质量如何？相较于对手，我们的优势和劣势分别是什么？若市场调研结果支持企业进行开发，还需要进行可行性分析。可行性分析需要从工艺技术、原材料、设备、投资、生产商、成本、产品售价，以及多久能收回投资等多方面进行。如该产品开发具备可行性，则后续先进行样品的开发，在这个阶段，需要对产品的功能、外观要求、测试标准进行规划，确定模型的尺寸、重量，之后进行样品的试制，再通过不断的测试、改进以获得最终定型样品。随后是批量开发，包括对产品进行注册、立项、环评、购置土地、审核厂房设计、招标、建设、验收，以及招工、培训等工作。准备就绪后，将设备流水线按平面布置，进行设备订购、安装调试，以及模具的订购、试模和原材料的采购等工作。此时还需要进行试生产，如无问题则可以投入正常生产。在后续生产过程中，要持续改进。

在产品开发过程中，必须注意几点：

首先，前期的技术可行性评估必不可少。若企业无把握可以制成该产品，必须通过试生产进行验证，原材料、工艺、设备这几个方面必须包括在内。其次，要控制进度。企业应定期开项目会，以便跟踪进度。要获得管理层支持，以便更好地解决问题。要与客户、供应商、合作伙伴保持良好的沟通，对客户的质量要求了解透彻，把需要采购的原材料、零部件的质量要求和产能要求向供应商交代清楚，客户要求的时间、内部节点时间等要及时了解，便于突发状况的处理。最后，样品做出来，不等于批量开发成功，因为批量开发成功还取决于企业建设与运作，以及生产流水线、物流、生产安排、工人熟练程度、合格率、成本等因素。进入批量生产后，还需要项目人员持续改进，以进一步完善材料、工艺、设备。

拥有创新的技术，并不等于拥有可以直接进行开发的新产品。从青涩的实验室试验到最终成熟的被市场接受、消费者认可的产品，有很长的一段路要走。在这个过程中，技术是否成熟，产量能否满足要求，原料是否价廉且能稳定供应，以及成本、市场、销售等情况，均为不可忽略的因素。

经过几代纺织人的不断创新、不懈努力，纺织业已经突破传统意义上的纺纱织布，拥有了更加丰富的内涵。新材料、环境友好型纺织品、服装纺织新技术和新智能纺织品是目前纺织、服装行业的四大新技术。新材料包括纳米材料、光导材料、蜘蛛丝和复合材料等；环境友好型纺织品包括可生物降解纺织品、可再生纤维纱线和服装、生物基高分子材料及低过敏性天然橡胶；服装纺织新技术包括导电性皮芯型复合纤维技术、数码印花技术及创新色彩技术，如变色材料，以及3D打印等快速生产工艺；新智能纺织品主要用于体温调节、改善肌肉恢复、监测身体信号、个人防护装备及电磁屏蔽。

在开拓新兴市场需求的产品时，龚总介绍了电池隔离膜，它是一种将锂离子电池中的正、负极隔开而只允许电解质离子通过，以防止两相接触从而发生短路的材料。这对于提高锂离子电池的安全性具有重大意义。

在当代文明社会中，人们对能源的要求越来越高。传统的化石能源面临环境污染和资源短缺等问题，不能完全满足现代人的生产和生活需求。然而，新能源的生产时间不连续，空间分布不均衡。因此，为了充分利用新能源，人们对储能技术提出了更高的要求。锂离子电池采用的是电化学储能技术，不仅环保，而且可以实现可持续的储能。同时,它具有高能量密度和功率密度、优异的循环性能、低自放电率和长使用寿命等优点,因此其应用具有广阔的发展前景。自 2000 年以来,锂离子电池逐渐成为能量存储市场的主要参与者之一,广泛应用于便携式电子设备,还部分应用于大型能量存储设备,例如电动车辆和智能电网。然而,传统液态锂离子电池在实际使用中,由于液态电解质易燃、易爆和易挥发的特性,存在严重的安全隐患。近年来频繁报道的液态锂离子电池安全事故使得电池安全受到科研人员的广泛关注,目前研究相对成熟的有电池隔膜及全固态锂离子电池。对于固态锂离子电池,固体电解质是其核心器件。结合学科知识,我们通常采用静电纺丝法结合溶胶凝胶法制备固体电解质。

全固态锂离子电池主要由正极、负极、固体电解质三个部分组成。其中,固体电解质是其核心器件,不仅负责隔离正、负极材料,还负责在正极和负极之间转移锂离子。固体电解质的性能对于电池的功率密度、循环寿命、安全性能、温度特性等具有重要影响。

近几十年来,国内外实验室对固体电解质进行了广泛的研究,以期将其用于全固态锂离子电池和其他高能量密度固态电池。固态电解质按其化学组成一般可分为三种类型:有机聚合物固体电解质、无机固体电解质和复合固体电解质。

有机聚合物固体电解质和无机固体电解质都在某些方面有各自的优势,但也都存在一些问题,如有机类电解质材料的离子电导率偏低、无机类电解质与电极材料的接触不良等,这影响了材料的发展及其在全固态锂电池中的应用。通过有机材料与无机材料的杂化,得到了有机-无机复合固体电解质。该类电解质通过有机组分与无机组分的优势互补,在离子电导率、电化学窗口、机械强度等方面都有很大的提高,解决了单一组分存在的问题。

在生产工艺方面,静电纺丝是利用高分子流体或熔融体,在高压静电场的作用下,通过喷射拉伸得到固体纳米纤维的纺丝技术。用静电纺丝法制备的纳米纤维膜具有很大的比表面积、高孔隙率和良好的力学性能,因而在固体电解质制备中得到广泛的应用。

二、关于企业经济效益的考核

关于企业经济效益的考量,专家以几个企业收购案例进行解析,如"收购德国某碳纤维零部件公司"。近年来,以高性能增强纤维,特别是以碳纤维为增强相的先进复合材料的应用领域不断拓展,发展迅速,人人都想在其中获利。但碳纤维的价格昂贵,因此其应用受到一定的限制。上海申达的碳纤维零部件的主要客户是保时捷、法拉利等高档跑车公司。结合各国实际情况可知,中国相较于欧美国家,开豪车的人较少,因此碳纤维零部件的受众较小,在中国的市场需求和市场前景不佳。在对市场需求与前景等方面进行充分调研和综合考虑之后,上海申达否决了这一收购方案。这个决策反映了企业的核心就是经济效益,而经济效益需要结合市场需求、竞争能力、收益前景等进行全方位的考量。

经济效益的考量亦是产品开发中可行性分析的重点。产品开发的可行性分析要求企业充分地分析目标市场环境、现有的技术情况及市场竞争情况。其中,目标市场环境的分析重点是市场需求。另外,现有的碳纤维开用技术的改进主要靠政府政策的支持与资助,高成本、高能耗的问题仍待解决,技术尚未成熟,投入风险较大。市场竞争情况不佳,因为市场上碳纤维的低价替代品很多,其投入较低,而产出效益较高。综上考虑也得出,就碳纤维在国内的发展情况而言,企业不应投入巨额成本来开拓碳纤维新兴市场。

三、关于企业收购

龚总还介绍了他们公司的一些收购案例,填补了我们在这个方面的知识,其中有一些商业技巧。

首先分析了市场环境。目前碳纤维项目有大量的竞争者在进入,很多公司在对碳纤维进行研究和生产,其中有不少领先者做了十多年,可以说占领了很大的先机,而我们的客户还不知道在哪里。碳纤维制造的价格昂贵,所以一般汽车零部件用不起,只能用于一些高档汽车的零部件。国产碳纤维成本是高于进口的。然后介绍了碳纤维制造的技术情况。碳纤维的生产能耗极高,氧化工序能耗占成本的16%,炭化工序能耗约占成本的23%。在碳纤维生产过程中,通过优化生产工艺和设备,可提高资源的综合利用率,进而降低生产成本。如美国的利兹勒公司将红外辐射、射频加热及其组合技术应用于氧化炉、干燥炉等设备,这些新技术的应用使温度分布更加均匀,尤其在应用于不易氧化炭化处理的大丝束时,更显示其优越性。大部分企业的炭化生产合格率很低,质量不稳定。汽车不像飞机,在地上跑,零部件轻量化要求没那么高。国外豪车有使用碳纤维零部件的。零部件生产成本高,且易产生大量废料,回收较困难。

另外,上海申达收购了另一家德国的碳纤维零部件公司。该公司每年有2 500万欧元的销售额,在斯图加特附近有三个小工厂,客户主要有布加迪、法拉利、保时捷等高端跑车。此收购主要是看中了这家公司的工艺技术,其产品的外观层先用预浸料铺设,然后进行热压罐加工,再进行铣割边孔;内层加工也是先进行预浸料铺设,再进行模压,然后进行铣割边孔。进而将内层和外层进行黏接,最后完成修边工艺。然后,龚总还列举了公司的一次收购决策。有一家3.5亿美元左右销售额的公司,其主要为中控、门板、仪表盘组建、硬内饰件、座椅背饰板等,大约有2 000名员工,他们分别来自53个国家,其中南亚人特别多,劳动成本较低。该公司的注塑机大部分用日本三菱的,最大的达到3 000吨,装配流水线和小装置全部自行设计制造,制造模具每年花费3 000万~3 500万美元,其中80%从中国进口。这家公司在印度还有一个设计室,产品设计有保障。源于这些因素,上海申达决定收购这家公司。

综合以上介绍与分析,收购与否需要分析收购的利弊,全面衡量,谨慎决策。

第四节　个人成才经验与体会

龚总在结束讲座前还针对同学们关心的"个人成才经验与体会"等问题做了分享。

关于开发与创新：开发经验和创新的灵感来自哪里？

首先，我们要在长期的工作中不断进行经验的积累，俗话说得好，"熟能生巧"；其次，要了解相关的知识，至少要有一个关键专业精通；还要接触本行业最先进的公司，持续学习他人的先进之处，才能不断改善和提高自身；胆子要大，要敢于尝试，不害怕失败，要在失败中找到成功的道路；要多动手，实践出真知，多动手才能发现更多的问题；要勤于思考，多想想怎么解决问题，怎么进行创新；要善于学习，学习的脚步永远不能停止。当然，还要有一定的经济头脑，不能蛮干。创新的目的除了使技术进步，还要获得更大的经济利益。

龚总又通过"联想印染打印机""强力伸长测试仪""电动车电池"等案例，对上面的说法做补充说明。

联想印染打印机是一项创新性的发明，它提供了一种纱线打印染色新工艺。既然打印机可以进行彩色打印，为何不能对纱线进行染色呢？这样既简便又能使纱线色彩丰富。人类总是这么智慧，根据需要进行创新性的发明。

强力伸长测试仪也是一项创新发明。

在冬天，电动车行驶过程中开空调会大量消耗电池电能，这样会影响电动车的续航里程。我们可以使用复合聚合物热敏（PTC）纤维用作电动车地毯，这样在冬天的早上就可以利用充电桩电源提前预约加热，由于该地毯上的涂层具有储热功能，因此电动车在行驶过程中不需要加热，同时 PTC 纤维有恒温功能，不会因为地毯表面被覆盖而产生内部超温现象，而且一旦超温，PTC 纤维会熔断。随着电动车地板越来越平整，PTC 织物铺设也越来越简单。这就是根据电动车节能的需要研发的一款特殊功能的地毯。

龚总还介绍了如何解决目前涤纶染色布生产中的问题——印染污水问题。大家知道在传统的染色过程中会产生大量的污水。首先对涤纶白坯布进行高温水洗加工时会产生废水，之后进行高温染色加工时会产生废染液，最后进行漂洗加工时又会产生废水。整个过程会产生大量的污染水。因此，无废水染色技术应运而生，先将涤纶纤维织物进行浸轧，然后进行红外线预烘，最后进行热风烘，整个过程环保，无污水排放。

龚总又举了一个例子：开拓新兴市场需求的产品——电池隔离膜。电池隔离膜的主要作用是将锂离子电池的正负极隔开，只允许电解质离子通过以防止两极接触而发生短路。目前，批量生产的电池隔离膜主要包括：PP/PE 复合膜，它的优点在于价格低（约 4 元/平方米），缺点是耐温性低；PET 熔喷膜，它的耐温性高于 PP 膜，但孔大且均匀性差,成本约 11 元/平方米;聚苯硫醚(PPS)熔喷膜,其耐温性略高于 PET 膜,但孔大且均匀性差,成本高。某大学用了近十年的时间成功开发出聚酰亚胺(PI)静电纺薄膜,其强度高于 PET 膜,接近 PP/PE 复合膜。以此开发生产线,每平方米成本 = 原料费 3.5 元 + 处理费 3 元 + 设备折旧费 0.28 元[1 000 万元/(10 年 * 360 天 * 10 000 平方米)] + 人工费 0.21 元[(8 人 * 260 元/天)/10 000 平方米] + 场地费 0.08 元(0.8 元 * 1 000 平方米/10 000 平方米) = 7.07 元。但是,一辆车的电池中,隔离膜的使用量约 2 000 平方米,一天生产 1 万平方米,只能满足五辆车的使用。要满足每天 300 辆车的使用,需要 60 条生产线,设备投资需 6 亿元,厂房 4 万~6 万平方米,而且是环保重点企业。经过计算,前期投入成本大,但开发仍有价值。

第五节　部分学生体会与感受

上海申达股份有限公司的龚总在课堂上不仅介绍了上海申达的相关信息,还为同学们讲解了纺织企业当下在中国乃至世界的发展情况和前景。其中令同学们印象比较深刻的内容是他通过介绍上海申达的发展历程和创新项目,引出了如何挖掘创新项目的三条途径。首先就是科学发展和技术发明的原始性知识创新。从这点可以看出,要想创新,必须有丰富的知识储备,这样才能了解更多的相关知识信息,进而在现有的技术发展上产生新的想法和突破。其次就是将各种相关技术有机融合,形成有市场竞争力的产品和产业的集成创新,也就是说,在现有技术的基础上,不断地融合创新,以更好更便捷的方式进行生产,使产品不仅在性能上更加优化,更具有竞争力,在整条产业链上也有新的突破。最后就是在引进先进技术的基础上,消化、吸收和再创新。这一点蕴含着一定的人生哲理。当我们引进了外面的先进技术后,不能停下前进的步伐,应该好好钻研,研究别人是怎样发明出这么好的技术的,并且在此基础上,找到其中的缺点,并加以改进和提高。

听了龚总的报告,同学们有许多想法。下面汇集了部分学员的所思、所想:

范小怡: 听完报告,结合自己本科期间去纺织企业实习的经历,谈谈体会。本人其实对纺织产品创新的理论与实践的重要性深有体会。以本人毕业设计作品打样的山东银仕来纺织集团有限公司为例,公司不惜以高价格购买先进提花机等设备与织造染整技术,以改善企业不足,提高企业的产品创新能力;同时,公司自主研发了双喷、四喷、六喷、十二喷等工艺及相应装置,用于生产高支高密纯棉系列面料产品,提升了公司在同类产品中的竞争实力。上海鼎天时尚科技股份有限公司(简称"上海鼎天")是本人实习的另一家企业,它是以时尚设计为核心的研发生产企业,每周会推出几十款新面料,以快速响应来满足客户的定制化需求。但是据了解，上海鼎天的面料不完全是由设计师按照自身喜好原创而产生的，研发部门设计师需要对公司已有面料产品的销售情况进行充分分析，并搜集大量的面料流行趋势资讯与各大秀场服装照片，在这些资料的基础上进行新一轮面料的开发。

听完这场讲座，本人对现代纺织企业的产品创新与开发过程有了更加深入的了解，也积累了不少行业的产品创新与开发案例，极大地开拓了行业视野，提高了发现问题、理解问题和分析问题的能力。

产品创新与开发的关键是进行可行性分析，这一举措可以在一定程度上规避产品开发失败的风险，提高产品开发的回报率。其中，产品开发流程中可行性分析的重点是经济效益的考量，其与企业发展原则——经济效益最优化相呼应，开发人员需要全方位多角度地考虑效益问题。其实，就目前发展趋势来看，中国纺织企业要真正实现创新，除了前文提及的方法外，还应该对行业内的创新环境进行整顿及改善。创新环境整顿及产业转型创新直击纺织行业痛点，纺织企业必定会经历阵痛。这场阵痛对于中小型企业而言可能是很大的打击，但对发展中的纺织企业而言，阵痛过后迎来的可能是大机遇。纺织行业各个领域的龙头企业具有成熟的经营管理模式和生产线，它们不仅应该用发展的眼光看问题，更应该担起行业责任，在充分估量转型的亏损等风险的前提下，利用企业成熟条件的优势带头进行纺织行业的创新转型。当龙头企业转型成功之后，业内的竞争环境也会得到很大程度的净化，这样才能带动中小型企业转型，实现行业创新发展的良性循环。开发创新的企业经营模式必定会助力企业蒸蒸日上。

王欣悦：通过这门课的学习，我了解了我们学生应该怎样寻找创新课题。

首先，我们应该寻找和发现行业中现有的问题，去想办法解决它的过程，对于我们来说，就是一种创新。我们可以从它的成本问题、环保问题、质量问题，以及自动化程度低、能耗大、不便捷、耗时、体积大、质量重等方面入手，探究每个方面的相应的解决方案。其次，我们做一个新的产品或模式时，应从它的外观、功能、材料、工艺、设备、方法、模式等方面寻找创新点。最后，我们应该想办法超越竞争对手，如其他公司，或其他产品，或其他模式等。比如如何降低成本，如何做到产品质量更好，如何使加工时间更短，如何使服务更好，等等。这些将会帮助我们在快速发展的经济大潮中脱颖而出。

比如纺织行业现今普遍面临的问题：如何解决目前涤纶布染色生产中的污水问题。我们都知道衣服要想变得好看，能凸显我们的个人特色，衣服上的图案和颜色是必不可少的。但是，纺织服装生产中的印染加工需要采用大量的化学试剂和染料。在传统的染色过程中，先将涤纶白坯布经过高温水洗，再放到染液中染色，然后进行漂洗。从这个过程中，我们可以看到高温水洗、染色和漂洗时都产生了大量的废水和废染液，如果这些污水处理不当，对地球的生态系统会造成非常大的不良影响。通过纺织企业的不断创新，这个问题有了很大的改善。首先,放弃了以往的染色方式,改用浸轧的方式,让染料的利用率大大提高,产生的废染液减少,也节省了染料。接着,放弃了以往漂洗的方法,采用红外线和热风烘干的方式,让染料充分保留在织物上。可以看到,通过这样的印染方式,基本避免了污水的产生,从而大大减轻了纺织企业处理污水的负担。

那么,我们怎样培养创新灵感呢?

我认为我们首先要有一定的工作经历,积累经验,正所谓熟能生巧,工作时间久了,对纺织产品有了充分了解,就很容易发现问题。其次,对于企业所做的纺织产品的相关知识要有一定的了解,并且至少有一个关键专业是精通的,这样在遇到问题时,才能发现问题是在哪个环节、哪个部件发生的。另外,要不断地接触所处行业最先进的公司,关注这些公司有什么新的想法,有什么新的产品,再不断地学习,从而改善自己的产品。同时,要具备一定的经济头脑,想一想自己所做的产品要如何改进,才能有一定的竞争优势。最后,就是要敢于尝试,多动手,多思考,多学习。这样,我相信终究会产生灵感,有新的突破。

如果我们一直模仿前人,不进行创新,我们的社会就不会进步,永远停留在某一刻;我们的科技发展也不会如此快,生活方式更不会有如此大的改变。所以说,这一切都归结于创新。我们每一个人都要有创新的能力和创新的意识,这样社会才能进步。

李雷: 听完龚总的讲座,我收获颇丰。我个人的感想可以总结为以下三个方面:

第一,努力培养创新能力。从上面的许多案例中,我们能够很容易地发现贯穿企业盈利的一个不可或缺的方面就是产品的创新。无论是新型电动车毛毯还是成人排尿排便自动处理机,都是在对消费者的需求进行充分调研后,确定消费者的需求而研发出来的产品。看似简单,但这背后是很多经验和知识的积累,不仅仅是对本专业知识的充分熟悉,还有对其他相关专业知识的了解,以及多年工作经验的积累。当然,拥有经验和知识还不够,确定需求后,就需要解决问题,从哪个方面下手?如何下手?产品没做出来怎么办?这就需要敢于尝试,多动手,勤于思考,总结尝试失败的教训,做出新产品。因此,以后在认真学习专业知识的基础上,一定要积极学习与自身专业相关学科的知识,而且现代纺织学科是一个应用很广泛的学科,全国直接或间接从事纺织相关工作的人员上亿,这更加坚定了自己的决心。另外,自己的实践能力不足,因此以后一定要积极地实践,增强自己的动手和解决问题的能力,勤思考,不怕失败,逐渐培养自己的创新能力。幸好,明年我有半年实习的机会,因此一定要好好把握。目前,无论是国家的经济发展战略,还是现代纺织企业的发展趋势,都在鼓励和激励我们积极培养自己的创新能力。因此,作为专业硕士的我们,一定要认真研究企业在生产过程中的问题,将所学的专业知识与企业的生产实践相结合,提出有创新性的解决方案,为纺织行业发展发挥一定的作用,为国家的发展贡献自己一份力量。

第二,企业进行新产品开发和运营时一定要慎重。正如专家讲到在产品开发过程中会遇到诸多问题,包括是否进行新产品开发等;产品在开发过程中的问题,如时间进度延期、投资超预算、制成率低、产品质量达不到客户要求等;产品开发出来后的运营问题,比如如何防止新产品被模仿和抄袭、是否能够进行产品的批量生产、在哪儿进行产品的批量生产;生产成本问题,包括人力成本、运输成本;以及政策、消费群体等。这些问题处理不当,会对企业造成难以估计的损失。这就要求企业在新产品开发前充分调研,公司自身情况(如工艺和设备)进行合理分析,决定是否进行新产品开发;通过定期开会等措施,对进度进行良好的控制等;对客户的质量要求了解透彻,购买材料时向供应商明确提出质量要求,对客户要求的时间、供应商交货的时间了解清楚;仔细分析工厂建设和运行情况、工人熟练度、合格率、成本之后,决定是否进行成批量生产,批量生产后还需要相关技术人员对产品进行改进,便于成批量生产。我们虽然是技术人才,但将来很有可能走上管理岗位,因此我们在工作之后要积极学习产品开发和运营方面的知识,积累相关的经验,为自己将来从事产品开发及运营工作打下坚实的基础。

第三,摒弃浮躁,脚踏实地,做出一番成就。听完本次讲座,我深深感受到管理一个企业的难度有多大,以及作为一个管理者需要担负的责任有多大,因为自己的决策关系着企业上百甚至上千员工的工资和福利待遇,以及企业的盈利情况。这更加提示我们青年,作为祖国进一步发展未来的栋梁,应该看清自己,脚踏实地,立鸿鹄志,把眼光放长远一点,应该勇敢担当建设新时代国家纺织行业的重任,实现自己的价值,为国家早日成为纺织强国做出应有的贡献。

黄胜梅: 这个学期(2019年9月),学院开设了"现代纺织企业精英实践案例解析"这门课,聘请了几位专家进行案例教学。这些案例对我的冲击力挺大,它们虽然都不是创世纪的大发明、大举措,但它们确实为我今后参加工作积累了一些实际经验,给我提供了有益的参考。我敬佩那些以自己的荧光照亮前方的人,欣赏以己之努力实现自己理想的人。我属于没有太多想象力的人,又有一些粗糙,做事不能顾全局,简而言之就是格局太小。通过这次讲座,我认识到:只有了解学习多了,对于这个世界的认识才能增多,才能给自己足够的底气,在今后的道路上才能有自己的想法,有创新的勇气。

王明: 针对专家所谈的产品创新我谈一下自己的感悟:

(1) 如何去挖掘创新项目

对创新,我们有多方面的理解,比如说别人没说过的话叫创新,做别人没做过的事叫创新,想别人没想的东西叫创新。我们之所以把有的东西叫作创新,就是因为它改善了我们的工作质量,改善了我们的生活质量,或者提高了我们的工作效率。

一般创新有以下三条途径:

(1) 利用科学发展和技术进行原始性的创新。

（2）将各种相关技术有机结合，形成有市场竞争力的产品和产业集成创新。

（3）在引进先进技术的基础上，通过消化、吸收进行创新。

个人认为，作为研究生的我们，已经具备创新的能力。我们可能做不到开创新纪元式的大的技术创新，但就老师讲到的第三点，即在引进先进技术的基础上，通过消化、吸收进行创新，我们如果足够努力，是可以做到的。比如：在我们的纺织行业，目前为止，我了解到我们的很多纺织机器还是引进的外国的先进机器。就纺纱机器而言，在每个国家，由于生长环境、气候条件等不同，各国的棉纤维会有一定差异。那么，国外的机器就不会非常完美地契合我们的需求，此时我们就要因地制宜地改变一些机器参数等加以改善，以便提高机器效率，提高纱线产量。我认为这就是一个小小的创新。当这种创新进行到一定程度，我们一定可以在机器上印上"中国制造"的标识。

所以，创新需要从小事做起，创新从我们自己开始做起。

（1）创新可以从以下几方面进行寻找：

① 寻找和发现现有行业中的问题，去想办法解决的过程就是创新。在此过程中，我们需要解决的问题可以从成本问题、环保问题、质量问题、自动化程度低、能耗大、不方便、太大、太重、耗时等方面着手考虑。

② 搞一个新产品或模拟过程中，我们可以从新外观、新功能、新材料、新工艺、新设备、新方法、新模式等方向重点推进。

③ 超越竞争对手过程，比如从更低的成本、更高的质量、更短的时间、更好的服务超越对手。

那么，我们的开发经验和创新灵感来自哪里呢？

我们的创新灵感可以来自：①经验靠长期的工作积累——熟能生巧；②相关知识要懂一些，但至少要有一个关键专业精通；③接触本行业最先进的公司；④敢于尝试；⑤多动手；⑥勤思考；⑦善于学习；⑧有经济头脑。

我们想要进行思维创新，就要学会打破思维障碍。通常，创新思维主要有三大障碍。

第一，思维定势。你的思维定在那儿了，你的思维进了牛角尖，出不来了，那你的创新思维就不可能展现出来。为什么进了牛角尖，进了死胡同，就出不来了？这个思维定势是怎样产生的呢？一个是权威，一个是从众。从众心理在我们身上表现得很明显。从众心理，就是个体顺应了群体，盲目地有理无理地顺应了经验。所以，我们想要具备创新思维，首先要把思维定势打破。

第二，思维惯性。习惯性思维，传统性思维，思维惯性。从小到大，我们养成了很多习惯，很多时候，我们懒得动脑子，而是习惯性地去做一件事情。这样，我们就不会去思考新的方法、途径，也就会逐渐失去创新能力。

第三，思维封闭。如果你站的层次太低，没有站得很高，思维就容易封闭，当然就难以创新了。

那么,怎么办呢?我们要采取多向思维法。

第一,顺向思维。顺向思维就是按照逻辑,按照规律,按照常规进行推导。

第二,逆向思维,也叫反向思维、倒过来思维。如果顺向思维不能解决问题,我们就反过来思考。

第三,除了逆向思维以外,还有转向思维。转向思维包括前向思维、后向思维、由上而下的思维、由下而上的思维。还有借脑思维,即借他人的大脑进行思维等等。

我认为作为一个企业,技术创新永远是其生存必不可少的手段。技术创新的结果便是推动企业不断设计、生产出符合市场需求的各种新产品。产品创新是技术创新的延续和深入。一个企业能否持续不断地进行产品创新,开发出适合市场需求的新产品,是决定该企业能否实现持续稳定发展的重要问题。尤其在科学技术发展日新月异、产品生命周期大大缩短的新经济时代,企业面临的挑战更加严峻,不及时更新产品,就可能导致企业的最终消亡。

市场上没有永远畅销的产品,任何一种产品在市场上的存在都是有终点的,这是由产品生命周期理论决定的。产品是为了满足市场上消费者的需求而产生的,不同时期的消费者存在不同的消费倾向,所以对产品提出了不同的要求。能够适应消费者需求的产品会在市场上存在。过时的、不能满足消费者需求的产品,会失去其在市场上存在的理由而被淘汰。一个企业能自觉地迎合市场的变化,开发出相应的产品,就能够持续发展,否则企业的生存就面临威胁。不断变化的消费者需求,决定了企业必须不断地创新产品。企业的生命是以其产品为载体的,一种产品的消亡意味着企业以这种产品作为其生命载体的可能性消失。如果此时企业没有开发出新产品,企业就会随之消亡。市场竞争是残酷的,消费者是挑剔的,一种产品不会永远得到消费者的青睐。因此,企业不断开发研制适应消费者需求变化的新产品,是企业永葆生命活力不断发展的前提和基础。

另外,企业可以通过产品创新获得以下好处:

① 产品创新可以增加获利的机会,降低市场风险,形成新的增长点,有利于产品结构调整。

② 产品创新可积累核心技术和管理经验,提升企业快速反应能力,适应多边市场需求。

③ 不断推出新产品,可以使企业在细分的市场上,既有大众化的产品,也有高档产品,在产品宽度和深度上满足不同层次的消费者需求,这样会加深消费者和企业的亲和力,有利于抢占市场,克服以往靠打折促销、大量广告的弊端,转而用战略赢得品牌。

④ 产品创新有利于公司形成积极向上的企业文化及蓬勃向上的创新氛围,从而增强员工的凝聚力、向心力和归属感。

⑤ 开发新产品,形成合理的产业结构和核心竞争力。这样,在满足人民日益增加的物质文化生活需要的同时,公司可用核心竞争力吸引更多的顾客,创造更广阔的市场,实现公司更多的利润,从而使企业持续发展,做百年老店。

因此,我们要脚踏实地,勇于创新,敢于创新。

李司琪:这次讲座让我认识到很多,当然最重要的是基础知识的重要性。我们学生在校期间要把基础打造扎实、牢固,面对问题时才能有条不紊,处理问题时才能从容不迫。

可以概括为以下几点:

第一,如何培养创新灵感和开发经验。专家提到经验要靠长期的工作积累,然后才能熟能生巧;相关的知识都要懂一些,至少有一个关键专业精通;要接触本行业最先进的公司;敢于尝试,多动手,勤于思考,善于学习,有经济头脑。

第二,关于企业收购决策的案例。上海申达计划收购一家德国碳纤维零部件公司,但是最终被龚总否定掉了。这家公司专门为跑车提供碳纤维零部件,在斯图加特有三家小工厂,即将破产,市场环境不稳定;而且,该企业的工艺技术也没有很复杂,没必要进行收购。相反,另一家美国公司是印度裔美国人开的,在印度有一个设计室,小装置可以实现全部自行设计制造,更重要的是有2 000多名员工,其中南亚人特别多,而且工厂开在印度,印度的劳动力成本只有国内劳动力成本的40%,生产效率也较高。因此,上海申达收购了这家美国公司,而且为了公司的长期发展和效益,上海申达没有控股这家美国公司,给了该公司管理层足够的主导权。事实证明,上海申达是对的,这家美国公司现在运行良好,为申达带来了相当可观的利润回报。

第三,技术和产品研发赚钱途径。印象比较深刻的是专家的一位朋友的产品出租案例。赚钱的途径有很多。这位朋友有技术,走的是自己研发产品,然后出租产品赚钱这条路径。这位朋友通过对市场进行充分调研,发现在上海这样的大城市,人口老龄化比较严重,福利院里面的老人比较多。这些老人由于行动不便,大小便需要别人照顾,需要花钱雇人,成本比较高,因为一个护工人员的工资一个月5 000多元。关键是这些人在一些重大节日时如春节需要回老家,那么这些老人的照顾就成了问题。于是,他设计出一种成人排尿排便自动处理机,具有感知大小便、自动喷湿、自动抽吸、自动冲洗等功能,而且没有异味,非常符合老人的需求。该设备成本只需要10 000元,可以使用5~6年,以3 500元/月出租,租出一万套,净利润达4亿元以上。只租不售,而且签署协议不能对设备进行拆卸进而模仿,保护商业秘密。这样既方便了老人,公司又实现了盈利,实现了双赢。

第四,企业进行产品开发时的流程及在流程中可能会遇到的问题。样品开发前,应该进行充分的市场调研,明确产品功能、外观要求、测试标准、造型尺寸等,然后进行产品可行性的分析,用以决策是否进行新产品开发。确定开发后,进行样件的试制、测试和改进,再进行批量开发,应该仔细对土地成本、人力成本、运输成本、装备成本等进行有效评估。在产品开发过程中,应注意进度、投资预算,与供应商和合作伙伴要有良好的沟通。要注意,样品做出来并不代表一定可以批量生产,要特别注意批量生产的成本问题。

第五,简短地提到用于解决涤纶布染色生产中的问题,如印染污水问题的无废水染色技术,以及电池隔离膜的开发及成果转化问题。最后,他还提到了纺织行业的四大新技术,"新材料、环境友好型纺织品、新智能纺织品、服装纺织新技术",而且公司最近计划建一个研发中心,用于复合材料的研究,规模很大,也在与我们学校进行合作。

这次报告给我的启发非常大,为我将来走上工作岗位,顺利开展工作提供了有益的参考。

刘高丞:龚总在上海申达做了大量的技术改进与创新工作,所以他首先给我们分享了如何在企业开展技术创新工作,主要从四个方面展开:成本、环保、质量、缩短流程。

首先,在成本方面要考虑如何尽可能降低生产成本。一个企业要生存就必须有一定的盈利能力,而影响企业的生产效益的一个重要方面,就是在进行实际生产的过程中控制成本,也就是尽可能降低生产成本。当然,降低成本的前提是保证良好的产品质量和生产效率。如,一种生产原料价格大幅度上涨或者供应商供货不稳定,影响了企业的正常生产经营,我们可以考虑在技术层面寻找其他与该生产原料相关性能相似且价格和来源广泛的材料来取代该生产原料。

随后,龚总对环保方面的技术创新工作展开了探讨。"金山银山不如绿水青山",这是习近平主席在近几年各种国家和党内会议上反复强调的中国特色社会主义的生态价值观。"我们既要绿水青山,也要金山银山。宁要绿水青山,不要金山银山,而且绿水青山就是金山银山。"这是习主席对生态保护理论的经典论断。这就要求我们纺织企业紧跟党的号召,既要眼前利益,更要长远利益。但如果没有选择,我们要权衡利弊,要选择长远利益,对能耗和污染大的工序加大整改力度,要投入大量的时间和精力进行生产技术上的改进和创新,努力实现"既要金山银山也要绿水青山"。例如龚总讲到的近些年申达集团一直在和东华大学合作研究无水染色工艺,实现该技术的产业化生产,这样纺织生产中产污水量最大的印染工序的用水量和排污量都会大大减少,这对于解决纺织企业废水污染这一棘手问题,无疑是一个具有里程碑意义的技术革新。听到这里,我不禁想到了我的研究方向,开始考虑我即将开始的课题中是不是可以在环保、废旧纺织品循环利用方面做一些研究工作,如将废旧的纺织品做成细浆粕,再经过一些工序处理,利用模具成型,做成各种形状的吸声产品。

谈完在环保方面如何做一些技术改进和革新工作,龚总又谈到对于产品质量的提高也是做技术改进和创新的重要途径。但是,这方面工作的开展要结合多方面综合考量。

如果提高了产品某一或某些方面的性能，但是生产成本大幅增长，而且生产效率降低，则说明该方案让企业付出的代价太大了。得不偿失的工作不要去做。我们始终要牢牢记住在企业做研究、做技术，不是说技术做好了，产品性能提高了，就成功了，最重要的是该技术能否真正地给企业带来更高的效益。

在如何做技术创新方面，龚总还提到，缩短生产工艺流程也是进行技术改进和创新的重要途径。其实，缩短生产流程的本质目的是减少产业线投资，减少劳动力投入，从而降低生产成本，也就是提高企业的生产效率，用同样多的时间生产更多的同样高品质的产品。

此外，长期工作累积是在自己领域内实现技术改进和创新的重要基础和灵感来源。只有扎在一个行业的某个领域里认真工作数十年，我们才能对这个领域的技术和产业发展的具体情况有透彻的了解，也才能够非常准确清晰地知道这个领域在产业化生产的过程中目前存在哪些问题，哪些技术问题是亟需解决的，大概通过什么手段和方法能够去尝试解决这些问题，等等。

龚总最后说到，我们实现技术改进和创新的一个重要途径，也可以说是"捷径"，就是将其他领域的知识活用到纺织领域，换句话讲，就是知识迁移。当我们遇到一个技术难题，而且在纺织领域长时间找不到解决该问题的有效办法时，我们需要看一看其他工程领域有没有一些先进的甚至经典的技术可以迁移到纺织领域。这实际上也要求企业接触世界上最先进的公司和它们所具有的最先进技术。

例如，产业用纺织品业务是申达股份重点转型发展的现代纺织制造领域，包括汽车软饰和纺织新材料两大业务板块，其中以汽车软饰为主体。汽车软饰业务目前已发展成为申达股份的第一大核心业务，占公司整体业务规模的60%，也是公司重点投入发展的产业，尤其是在2016年成功收购美国IAC集团的汽车软饰和声学业务之后，已跃居汽车软饰配套产业"亚洲第一、世界第二"的地位。可以说，在申达集团联手美国IAC集团成立全球汽车软饰合资公司后，申达向附加值较高的汽车内饰业务拓展又迈出重要一步。同时，IAC的并入可以有效加强公司汽车内饰业务板块优势，提升国际影响力，明显增厚业务，具备积极发展意义。软饰业务的主要产品包括后备箱饰件、包装托盘及其他内饰零部件，声学元件业务的主要产品包括隔声前围、一般隔声材料、轮拱内衬等。实际上，申达股份与IAC集团开展了近二十年的良好合作。申达股份与美国IAC集团成立全球汽车软饰业务合资公司，体现了双方实力的完美结合与并轨。这正是龚总所说的：企业要多接触世界上最先进的公司和它们所具有的最先进技术。

"勤思考，多动手。"龚总说，他有一个习惯，这个习惯对他的技术改进和创新等方面的工作有很大帮助。那就是每天早晨起床后会安安静静地总结一下昨天的工作中遇到了什么问题，有什么棘手的关键问题急需解决，今天的工作围绕这个问题该怎么展开才能推进下去……。龚总说,在每天精力最充沛、大脑最清醒的清晨,冷静地思考一下这一系列问题,往往能有意想不到的思路和收获。

另外,关于勤思考和多动手方面,龚总还提到,在企业做技术改进和创新的时候,当遇到技术难题迟迟无法进行下去时,我们不能一味地把头光扎在理论当中,而是应该从理论中跳出来,亲身到工厂去生产线上观察。这往往能让我们知道下一步该如何理论联系实际,结合具体的实际工况来做技术改进和创新。特别是对刚入职的研究人员来说,我们最容易犯的一个错误就是只把自己的想法和要求告诉工人师傅,让工人师傅去线上实际调试工艺。但往往会出现不太符合理想预期的情况,这时我们就要亲自去了解并动手去调试生产工艺,看看到底是哪个环节的问题,搞清楚是自己的改进或设计思路不对,还是自己和工人们的交接出现了信息不对称问题,亦或是调试失误等问题。

在后面的报告中,龚总为我们重点讲述了企业在实际生产过程中是如何做产品开发的,对于产品开发流程展开了较为详细的介绍。产品开发流程大体可以分为四大步骤——市场调研、可行性分析、样品开发和批量开发。

龚总强调做市场调研就是要看一看这个要开发的产品是不是符合市场需要,换句话讲,就是能不能赚到钱。不做系统客观的市场调研与预测,仅凭经验或不够完备的信息,就做出决策是非常危险的,往往会事倍功半。具体来看,市场调研的重要性表现在五个方面:提供作为决策基础的信息、弥补信息不足的缺陷、了解外部信息、了解市场环境变化情况、了解新的市场环境。

可行性分析是通过对项目的主要内容和配套条件,如市场需求、资源供应、建设规模、工艺路线、设备选型、环境影响、资金筹措、盈利能力等,从技术、经济、工程等方面进行调查研究和分析比较,并对项目建成以后可能取得的财务、经济效益及社会环境影响进行预测,从而提出该项目是否值得投资和如何进行建设的咨询意见,为项目决策提供依据的一种综合性的系统分析方法。这是我们以后在企业工作几乎无法避免的工作内容,只有通过该方法分析并断定项目的可行性较高后,我们才能对即将开展的新产品业务心里有谱。如果一个新产品开发项目在可行性分析后发现不具备或者可行性不强,我们应该立即终止此项目,达到预防风险、及时止损的作用。随后,龚总举了一个申达集团开发碳纤维生产线项目的例子。龚总说由于前期市场调研不充分,集团贸然购置了一块工业用地,准备建设碳纤维生产线,但后期做可行性分析的时候,越来越觉得当下进入碳纤维市场要承担很大风险。最后,在龚总的坚决反对下,公司取消了该项目。虽然由于违约赔偿了一些违约金,但是龚总说要是项目失败,亏损的就不是这点违约金了。可见做好项目可行性分析的重要性,它起到发现开发项目重大风险和问题、及时止损的重要作用。

关于样品开发和批量开发,听过龚总的讲解后,我用自己的话概括一下,就是用小规模制备试验对新产品是否能够大规模生产进行验证,如得到的产品质量是否符合预期,以及生产效率是否足够等,它是进行批量开发的前期保障。批量开发则是根据预计的市场需求量,购买生产设备建立起完备的车间流水线,开始对该产品进行大规模的产业化生产复制。

由于龚总为我们分享的关于如何实现技术创新和如何进行新产品开发的内容太丰富,课堂时间不够,对申达集团正在建设的申达汽车内饰声学研究所,龚总只能做简单介绍。我感觉特别遗憾,因为我研究生课题就是做的柔性吸声材料这个方向,真的特别想听一听申达汽车内饰声学研究所的主要研究方向具体有哪些。有机会的话,很想去申达进行实习,在实习期间可以开展我课题的研究。由于时间关系,这次讲座期间没能向龚总请教。今后在自己论文进行中,找机会再向龚总请教。

王慧: 近日(2019年9月),受学院邀请,上海申达的龚总为我们做了一次精彩的讲座。他结合自己工作多年的所见所闻与切身经验,主要从创新、产品开发及公司决策等方面展开。

首先是创新方面。从小到大,我们一直被鼓励着去创新,也一直被教育着要勇于创新。但实际上,很多时候,我们很难找到一个合适的创新点。自从进入东华大学开始攻读研究生学位以来,我的导师也在不断地引导我寻找自己的课题创新点。所以,创新对于现在的我们来说是非常重要的,但同时也是我们的一个难点。所幸,很及时地,龚总通过他的经验为我们阐述了工作中如何去挖掘一个创新项目。虽然他讲述的是工作中的创新项目,但万变不离其宗,其中的很多思考角度让仍然在学校学习的我受益匪浅。龚总认为目前创新主要有三大途径。一个是随着科学发展和技术发明进行知识创新。这就是我一直以来所理解的创新,也是造成我认为创新是一件很难的事情的原因。事实上,我们在本科期间所学的知识往往是覆盖面广而不够深入的。在这样的情况下,我们以现有的水平是不太容易完成这样的科技创新的。对于我们专硕来说,我更希望的是将所学所掌握的知识进行应用。这使得我更适合另外两种创新途径:

(1) 将各种相关技术有机融合,形成有市场竞争力的产品和产业的集成创新。

(2) 在引进先进技术的基础上,通过消化、吸收进行的再创新。

除了产品性能方面的创新,龚总还给我们列举了一些其他的创新点,例如成本、环保、新的制备方法、新的模式等,这极大地拓宽了我寻找创新点的思路。为了加深我们对上述创新内容的理解,龚总又列举了两个实际案例:一个与电池隔离膜相关,另一个则是我们熟悉的涤纶布染色生产中的污水问题。这些都是之前大家都看得到,却只有较少人选择的创新点。

有了发现创新点的能力,创新还离不开灵感。灵感一直是一个很虚的词汇。在我们不断学习的过程中,我们可能会去学习专业知识,可能会去学习一个人良好的自律习惯,可是我们很难说看到一个人总是对各种创新有灵感,我们会去学习他有创新灵感。龚总给我们展示了凭借他多年的认识和总结,他认为对增加创新灵感有所帮助的几个要点:要有长期工作积累出的经验;要至少精通一个专业,但同时要了解一些相关行业的知识,以便融会贯通,实现学科交叉创新;多接触本行业最先进的公司,了解目前本行业的前沿科技;敢于尝试;多亲自动手;勤于思考;善于学习;有经济头脑等。

接下来,龚总为我们展示了几个目前企业中比较前沿的科技工艺,例如联想印染打印机。将纱线喂入该打印机,可以通过染色工艺的人工调控,使纱线染成渐变的颜色,目前已经与诸多国际品牌合作。但这种印染方法目前存在效率不够高等缺陷,这是未来研究的一个创新点。

除了创新及创新产品以外,龚总还对企业的一些决策案例做了解析。例如收购德国某碳纤维零部件公司的案例。虽然市场是千变万化的,这些收购方案和决策可能不能复制或者未来会听到更好的决策方案,甚至有些稍显专业一些的词汇,我们只能大概明白是什么意思,再具体一些就是一无所知了。但此时此刻,这些讲解对于还未真正接触市场的学生来说,已经起到拓宽眼界和思维方式的作用。这些例子想要教会我们的,不是像传授知识那样,遇到这个问题应该怎样去做,它们想要教会我们的应该是当我们遇到这样或那样情况的时候,这些角度是我们有必要去注意和思考的,是一种思考方式。

龚总还详细讲解了产品的开发流程。产品开发首先要做市场调研:要知道做什么产品;它的市场需求怎么样;前景如何;有没有相关的国家政策,是鼓励还是限制;有哪些竞争对手;竞争对手的产品有什么样的价格和质量;我们要做这种产品的话,我们的竞争力和弱势分别在哪里……这些细细碎碎的很多要点,看似无关紧要,可是在产品开发之前,必须都要考虑清楚。

其次要分析产品开发的可行性:技术工艺是怎样的,是否环保,质量如何;原材料的来源、价格如何,能否稳定供货;设计新技术或新设备的话,有没有得到试验验证,可靠度高不高;在哪里生产;投资多少;生产成本多少;售价多少;包装运输成本多少……此外,还有好多方面需要分析,例如样品开发的各个细节、批量开发的各个要点等。我没有一一列举出来。

在决定是否开发这个产品之前,真的有太多太多的东西要去思考,各个角度都要面面俱到。整体思考下来,就好像整个人一步步跟着这个产品从一堆呆在供应商仓库里的原材料,千里迢迢来到我们的生产基地,经过每一道工序,见证它一点点的变化,直到顾客购买并使用。到这个时候,我们就要开始思考售后的问题等。也只有这样细致地在脑海中一遍遍预演,我们才能在真正投入产品的开发之前,尽可能排除掉走弯路的可能,为公司争取到最大的利润与效益。

秦佳莹:作为东华大学纺织学院的在读研究生,我们平常上课的学习以理论为主线,以基础知识为主要目标,对自己所学专业的知识有一个系统、全面的了解,这可以为自己的研究生课题的理解、剖析、解决等提供更好的思路。在日常的生活或者以后的工作中,我们所学习的知识,以及所具备的学习知识的能力都会对我们有所帮助。作为专硕的学生,我们应随时关注现代纺织技术在国内及国际市场上的发展趋势。对现在的纺织发展到了哪一个境界,在校期间可以多思考,多锻炼自己相关方面的能力,这对我们的工作规划及未来的人生规划都会起到巨大的作用。

本次报告专家从东华大学研究生毕业,现在上海申达股份有限公司担任高管工作,主要从事与汽车相关的纺织行业的研究。他在这次课堂上介绍了如何去挖掘创新项目,如解决目前涤纶布染色生产中的问题——印染污水问题、开拓新兴市场需求的产品——电池隔离膜、开发经验和创新灵感来自于哪里、联想印染打印机、需求研发项目举例、收购案例解析,以及决策举例、产品出租举例、申达碳纤维研究举例等多个方面,从不同的方面给予不同的启发,这节课真的让我受益颇多。我就以自己感兴趣的几个方面进行分析。

首先是如何去挖掘创新项目,这个方面给了我一个醍醐灌顶般的启发。我以前认为的创新是在一个领域内做出与前人完全不同或者从来没有人做过的项目。专家说:"其实创新项目可以是人们把不同学科领域的知识应用总结到一起,做出自己的创新点,然后合并开发一套属于自己的创新项目,这也是一个创新的方向。"然后详细介绍了创新的三条途径:科学发现和技术发明的原创性知识是创新;把各种相关知识有机融合,形成有市场竞争力的产品和产业的集成创新;在引进新技术的基础上,消化、吸收和再创新。接着介绍了创新能从几个方面寻找课题:寻找和发现现有行业中存在的问题,想办法解决这些问题的过程是创新;搞一个新产品或模式的过程是创新;超越竞争对手的过程是创新。专家给了我们全面的创新的定位,而不仅仅是解释创新这个词汇,不论是发现和解决,还是做一个全新的产品,都要考虑全面,这样才有切实的可行性。

比如,涤纶染色一直以来就是会产生废水污染的产业链,但是涤纶在现代服装以及产业用纺织品中,都有巨大的市场,既然有问题,就要想办法解决它。首先找出问题的所在,传统的涤纶白布染色过程要经过高温水洗(会产生废水)→高温染色(会产生废染液)→漂洗(也会产生废水)。这个问题的解决其实就是一个创新项目,即现代的无废水染色技术:涤纶纤维织物→浸轧→红外线预烘→热风烘。

开发经验和创新灵感来自于哪里?专家回答:经验要靠长期的工作积累,即熟能生巧;相关知识要懂一些,至少精通一门专业;接触本行业最先进的公司;敢于尝试;自己多操作;勤思考;善于学习;有经济头脑。这是全面的正确的答案吗?并不完全是,但这确实是主要方面的总结。没有人会平白无故地成功,成功的背后都是汗水与泪水,都是勤奋与努力。对于现在的我们,用眼高手低来形容,一点也不过分,我们现在局限于想想方面,而且由于掌握的知识面不够宽广,基础不够扎实,并且没有实战经验,会把作品过于理想化;但另一方面,正因为我们涉世未深、年纪尚小,思想会更加地活泼,有创造力,要敢于想象,尽可能付诸现实,或者把自己灵光一闪的新起点记录下来,在付诸实际的过程中不要畏惧挫折与失败。

专家提到了联想印染打印机。这是由以色列人研发的一种新型设备,听专家说是纱线喂入这个设备,出来的时候纱线已经染色完毕,染色深度可以人为调控,并且纱线的颜色可以是渐变的。因为设备的染色效率有限,主要用在衣服及其他产品的 Logo 上。由联想印染打印机加工的纱线目前已被很多国际品牌应用,比如香奈儿、安踏、OUND 等。如果让我来凭空想象,我可能不会想到这么一个方面。人类是很聪明的,可以创造出各种有效的设备来制造商品,有的会有效节约时间和成本,有的可以做到极为精致和精准。就如同上一段所说的,我们的开发经验和创造灵感来自哪里?它来自方方面面的综合,我们在成长过程中见的多了,能够吸收的知识也就多了,积累的经验丰富了,也能让自己更加优秀,才能在自己的领域里开出一片新天地。

需求研发项目举例,专家采用的是自己在做的一个有关电动汽车方面的项目。讲的内容是在冬天的时候,由于天气较冷,开着电动汽车时如果用电取暖,汽车的续航里程会降低一半。电动汽车的续航里程本身有一定的限制,再加上现在并没有像加油站式那么多的电动汽车充电桩,这就使得这项新能源的电动汽车的发展受到了限制。专家的团队基于解决寒冷天气电动汽车由于供暖而减半续航里程的问题提出解决方案:

地毯上复合聚合物 PTC 纤维织物,冬天早上利用充电桩电源提前预约加热。

地毯上的涂层具有储热功能,行驶过程中不需要加热。

热敏材料(PTC)有自动恒温限流功能,不会因为地毯表面被覆盖而内部超温;而且一旦超温,PTC 纤维会熔断;同时,随着电动车地板越来越平整,PTC 织物的铺设也越来越简单。

针对一定的问题提出切实可行的解决方案,考虑到产品在市场的可行性以及效益性的问题。

产品出租举例,以成人排尿排便自动处理机为例,这个原创人员团队并没有将自己的产品直接售卖到市场,而是以租赁的方式租给地方的敬老院里,每个月的租金费用是以一个老人大概一个月所使用的尿不湿的价钱的总和,并且设备没有异味且质量有保障。显而易见,这个设备的优势给这个发明提供了竞争力,而且是在中国这个国家人口巨大的市场里,其前途一片光明。

专家的报告给了我许多新思路和观察问题的视角,为我将来走上工作岗位尽快适应自己的工作提供了有益的帮助。

王克杰:2019 年 11 月 14 日下午,随着一阵阵急促下课铃声的响起,"现代纺织企业精英实践案例解析"这门课正式落下了帷幕。晏老师每次课都给我们请不同的业内成功人士来分享他们作为"纺织人"一路走来的工作经验和心得体会。以下我将从讲座内容和个人感受两个方面进行总结。

首先是讲座的内容。江苏丹毛的徐总从一个企业管理者的角度给我们分析他是怎样带着企业去探索市场运行规律的，慢慢地去适应市场，进而一步步地掌握市场。当时听完很是震撼，虽然说我们离那个位置还有点远，但是这当中徐总他们一步步去探索发展的思路和方法是通用的，我们也可以将其用在我们的学习当中。作为学生，在学校也是有一定的运行法则的，我们怎么样从一个懵懵懂懂的研究新生成长为游刃有余的科研或工作"大牛"呢？我们可以用徐总的思路一步步去探索，坚持下去，终会有所成就。

来自如意集团的陈总用自己的亲身经历直接告诉我们具体的做法。陈总跟我们分享了他从大学毕业到现在的管理层的一步步经历。在陈总的讲解中，主要有两点让我感受颇深。第一点是肯吃苦，耐得下心。陈总说他大学刚毕业就直接去基层工厂工作了几年，他说在学校学习了很多专业知识，可在实际生产中却又是另一番景象，所以工厂的几年真的是让他学到了很多东西。还有一点就是学习的习惯，即使现在，陈总也每天保持着阅读的习惯，就这一点，让我们现在多少的同学汗颜。

"Silk Studio 丝情画奕"的聂总分享的是关于"丝绸"创业的故事。首先我很敬佩他，因为自己创业真的很难，因为我有个好友本科毕业之后就在创业，我真真切切地目睹了其中的各种难处。但聂总不仅坚持下来了，而且做得很好。聂总讲解了他们怎样去设计作品，怎样去染色一系列经验，我自己之前也跟老师做过扎染，因此在听到这一部分内容的时候还是挺感兴趣的。

安踏集团的李总则是以"为跑鞋提供价格定位和产品设计的支持"为目的，为我们呈现了一堂精彩的关于市场调研的讲座。以前的我，对于市场调研的认识可能仅仅停留在几张调查问卷上，但李总用他生动而又不失严谨的讲解告诉我，市场调研，远不止几张调查问卷那么简单，它包含的是方方面面。同时，对于调查得来的数据进行分析总结，又是我们值得去学习的。

申达公司的龚总结合自己公司的产品从研发的角度跟我们进行了分享。他从纺织行业的四大新技术，到一个新公司的建立、一个项目的启动、企业效益的分析，为我们做了一系列的分享。然后，龚总结合他们公司目前正在研究的一些产品给我们做了详细的讲解，包括他们的方案、需要攻克的技术难题，以及后续的跟进。这些对我们都是很好的经验。

然后是个人的感受。坦率地说，在整个课程的进行过程中，我的心态也是过山车似地起起落落。从刚开始的懵懂，两次课后的思索，再到现在的坚定。在这里，我想用王国维先生著名的治学三境界来谈谈自己作为一个纺织人的所感所悟。王国维先生的《人间词话》中有这样一段话:"古今之成大事业、大学问者,必经过三种之境界:'昨夜西风凋碧树,独上高楼,望尽天涯路。'此第一境也。'衣带渐宽终不悔,为伊消得人憔悴。'此第二境也。'众里寻他千百度,蓦然回首,那人却在,灯火阑珊处。'此第三境也。"王国维先生用三句诗词分别描述做学问的三个境界。今天,我也要用它们来讲一讲作为纺织人的我们如何去"治学"。第一境界:昨夜西风凋碧树,独上高楼,望尽天涯路。很明显,王先生说的是理想,是目标。的确,理想很重要,周星驰在电影中说过:"做人如果没有理想的话,跟咸鱼有什么区别呢?"可见理想在人们心中的重要性。但是又有几个人真正懂得理想呢?在经济高速发展的今天,很多人的理想都是当明星,做主播,玩金融,搞投资。大家都太浮躁了,我们应该让自己静下来,好好地去思考。可能有人会跟我杠,说我思考过了啊,纺织行业就是不好,就是夕阳产业,等等一系列的问题。我想反问一下:你去过生产一线吗?你去过基层实习吗?你真的了解一个纺织品是怎么一步步做出来的吗?没有亲自做过的事情,就不要随意下结论。别人说怎么怎么样,可别人不能帮我们走完这一生。小马过河的故事我们从小就听,所以我们不应该那么着急武断地下结论,等你"望尽天涯路"再说也不迟。第二境界:衣带渐宽终不悔,为伊消得人憔悴。这句诗经常被用来形容爱情,但无论形容什么,都向我们传达了一个很重要的讯息:坚持。对,古往今来,凡是有所成就者,哪一个不是坚持不懈的结果。比尔·盖茨创立微软,靠的是坚持;乔布斯设计苹果,靠的是坚持;马云发扬阿里巴巴,靠的也是坚持。任何时候,我们总能遇到这样那样的挫折与困惑,但是有些人没有坚持下去,所以他们失败了。成功往往只留给那些坚持不懈的人,即使在纺织领域,我们也应该坚持下去。你可以有千千万万个理由不去做纺织,但是只要有一个理由能让你坚持下去,那就请你坚持做下去。第三境界:众里寻他千百度,蓦然回首,那人却在,灯火阑珊处。这个境界是我对于我们的一个预见,众里寻"它"千百度,是方向不对?是付出不够?是时机未到?无论是什么,大多数人的成功必须经过千辛万苦的磨难,也只有经历过这种磨难,结果才越发地珍贵。成功也许一直在身边,只是过去的我们还不能驾驭;这份事业原来就在我们的前方,只是过去的我们还不够努力。正因如此,我们才会被感动,才会永远忘不了"蓦然回首,那人却在,灯火阑珊处"的美好时刻。

最后,我要说的是,这世上没有什么选择是完美的,你可以选择放弃,但请一定不要放弃你的选择。当你困惑迷茫的时候,请让自己静下心来,"独上高楼,望尽天涯路",会有意想不到的收获。无论何时,都请保持学习和思考的习惯,坚持做下去,衣带渐宽也不悔。也许在某个不经意的回首间,你一直想要的就在那"灯火阑珊处"。共勉!

徐铭:不知不觉中,"现代纺织企业实践案例解析"的讲座就要告一段落了,不知道下一次再听到这种让我们受益匪浅的讲座是什么时候。这几次讲座听下来,包含丝绸、羊毛、功能型纺织品、品牌集团、专利知识等方方面面。除了增加了我们对本专业实际应用以及相关行业近况和发展前景等方面的了解以外,每一次应邀来为我们做讲座的专家,也是我们学习的榜样。他们清晰流畅的表达能力、多年如一日的坚持、对自己严格的自律、灵活的思维方式,以及看待这个行业的视角,都潜移默化地在讲座中影响着我们每一个听众。

我发自内心地感谢学院开设这门课程。身在校园里面的我们,还没有真正地接触到社会和市场,仅仅是书本学习和课程试验,亦或是去企业参观实习等。虽然我们在一步步加深自己对这个行业的了解和认知,但我们心里始终会有很多迷茫和不知所措,很少有人以一个过来人的身份教我们从学校到社会企业,应该怎样转变自己看待问题的眼光,而这门课做到了。通过这门课程,我们在了解行业较新发展趋势的同时,我们还了解到那些行业里目前已经比较成功人士的历程,这使得我们可以做好更充足的准备,带着更大的和勇气踏入一个和现在校园完全不同的未来。

第六节 小 结

本讲座聘请了上海申达公司的龚杜第专家来讲课,专家结合自己的创新经历给同学们讲授了创新的步骤、方法、要点等。下面是部分同学听完讲座后的一些所思所想所悟的精彩片段:

"我发自内心地感谢学院开设这门课程。处在校园里面的我们,还没有真正地接触到社会和市场,仅仅是书本学习和课程试验,亦或是去企业参观实习等。虽然我们在一步步加深自己对这个行业的了解和认知,但我们心里始终会有很多迷茫和不知所措,很少有人来以一个过来人的身份教我们从学校到社会企业,应该怎样转变自己看待问题的眼光,而这门课做到了。它让我们了解行业较新发展趋势的同时,还让我们了解到那些行业里目前已经比较成功人士的历程,这使得我们可以做好更充足的准备和带着更大的勇气踏入一个和现在校园完全不同的未来。"

"这个学期,学院开设了'现代纺织企业精英实践案例解析'这门课,聘请了几位专家进行案例教学。这些案例对我的冲击力挺大,它们虽然都不是创世纪的大发明、大举措,但它们确实为我今后参加工作积累了一些经验,给我提供了有益的参考。我敬佩那些以自己的荧光照亮前方的人,欣赏以己之努力实现自己理想的人。我属于没有太多想象力的人,又有一些粗糙,做事不能顾全局,简而言之就是格局太小。通过这次讲座,我认识到:只有了解学习多了,对于这个世界的认识才能增多,才能给自己足够的底气,在今后的道路上才能有自己的想法,有创新的勇气。"

"在我们的纺织行业,目前为止,我了解到我们的很多纺织机器还是引进的外国的先进机器。就纺纱机器而言,在每个国家,由于生长环境、气候条件等不同,各国的棉纤维会有一定差异。那么,国外的机器就不会非常完美地契合我们的需求,此时我们就要因地制宜地改变一些机器参数等加以改善,以便提高机器效率,提高纱线产量。我认为这就是一个小小的创新。当这种创新进行到一定程度,我们一定可以在机器上印上'中国制造'的标识。"

"我们想要进行思维创新,就要学会打破思维障碍。通常,创新思维主要有三大障碍。

第一,思维定势。你的思维定在那儿了,你的思维进了牛角尖,出不来了,那你的创新思维就不可能展现出来。为什么进了牛角尖,进了死胡同,就出不来了?这个思维定势是怎样产生的呢?一个是权威,一个是从众。从众心理在我们身上表现得很明显,从众心理,就是个体顺应了群体,盲目地、有理无理地顺应了先验。所以,我们想要具备创新思维,首先要把思维定势打破。

第二,思维惯性。从小到大,我们养成了很多习惯,很多时候,我们懒得动脑子,而是习惯性地去做一件事情。这样,我们不会去思考新的方法、途径,也就会逐渐失去创新能力。

第三,思维封闭。你站的层次太低了,没有站得很高,思维封闭了,当然就不能创新了。

那么,怎么办呢?我们要采取多向思维法。

第一,顺向思维。顺向思维就是按照逻辑,按照规律,按照常规进行推导。

第二,逆向思维,也叫反向思维、倒过来思维。如果顺向思维不能解决问题,我们就反过来思维。

第三,转向思维。转向思维包括前向思维、后向思维、由上而下的思维、由下而上的思维。还有借脑思维,即借他人的大脑进行思维等。"

"对于产品质量的提高也是做技术改进和创新的重要途径。这方面工作的开展要结合多方面综合考量。如果提高了产品某一或某些方面性能,但是生产成本大幅增长,而且生产效率降低,则说明该方案让企业付出的代价太大了。得不偿失的工作不要去做。我们始终要牢牢记住在企业做研究、做技术,不是说技术做好了,产品性能提高了,就成功了,最重要的是该技术能否真正地给企业带来更高的效益。"

以上是部分同学听完报告后的心得体会,感悟发自肺腑,情真意切,对后来者有很好的启迪,值得后来者思考。

第七章 广东前进牛仔布有限公司的发展历程(案例七)

(讲座时间:2020.11)

第一节 公 司 概 况

广东前进牛仔布有限公司(简称"广东前进牛仔")创始于1987年,是一家合资的股份制企业,是中国最早的牛仔布生产企业之一,也是广东省最大的专业生产高档牛仔面料的企业之一,三十几年来一直专注于牛仔布新产品的研发、制造与销售。总公司注册资本5 664.78万美元(约合3.7亿元人民币);牛仔布公司注册资本1 586万美元(约合1亿元人民币)。广东前进牛仔有厂房面积6万多平方米,地处广东省佛山市顺德区容桂高新技术开发园,临近多条高速公路和华南多个重要港口,交通十分便利。

广东前进牛仔是广东顺德知名企业,技术先进,设备精良,从比利时、意大利、美国、日本及中国香港地区引进的先进设备有络筒机、整经机、浆染联合机、剑杆织机、预缩整理、丝光整理、拉幅定型机等,其中主要设备为必佳乐的高速剑杆织机、莫里森的整理机等,并有自己的发电厂和大型污水处理厂,年牛仔布生产能力达2 500万码(1码约合0.9米)。

公司产品不仅以传统的靛蓝牛仔布为主,而且突破了以棉牛仔布为主的格局,选材广泛,采用杜邦公司的Lycra(莱卡)、T400、Thermolite等功能纤维材料打造高品质产品。公司对产品质量严格控制,采取层层跟踪监控的措施,严格确保产品质量优于同行业产品。

公司采用现代化管理模式,先后通过了ISO 9001:2000质量管理体系认证及Oeko-Tex Standard 100环保认证,荣获"顺德知名企业""广东省名牌产品",荣获广东省"重合同、守信用"先进企业称号。2009年,公司率先加入全球有机棉联盟组织,获得有机棉(GOTS)认证,成为国内首家能够提供有机棉面料及吊牌的牛仔布生产企业,2010年荣获"广东省著名商标"。

另外,三十多年来,广东前进牛仔除了对自己的团队提出高标准、严要求,还与英威达公司这样的世界一流企业密切合作,不断推陈出新,开发生产业界领先的牛仔面料,否则公司也难以成为一家值得信赖的、世界级的中国牛仔面料生产商。

在英威达刚进入中国时,久闻莱卡纤维的广东前进牛仔就开始与英威达的工作人员接触,并开始对莱卡纤维进行测试。在比较了多种类型的氨纶后,广东前进牛仔发现莱卡纤维非常适合牛仔面料,该纤维在整个生产、加工过程中不仅表现出稳定的耐化学性,还保持了卓越的弹性。广东前进牛仔当机立断,公司的全部氨纶产品都用英威达的莱卡纤维。在日益密切的合作中,英威达又根据广东前进牛仔的需求开发了T400纤维。广东前进牛仔将该纤维与纺纱工艺结合,进一步开发了棉包莱卡T400纤维和莱卡dual FX双芯纤维技术,进而进行新产品的开发和生产。

除了一流的产品,英威达一流的服务也是双方合作二十年的重要因素。广东前进牛仔对英威达新推出的各种产品会做大量的测试。英威达会用自己齐备的检测设备及建立的很多标准和企业一起测试,并分享结果,给出专业的意见,不断根据相互探讨的结果改良技术,直到工艺成熟,然后一起推进新产品的研发和生产。另外,英威达有自己的研发基地,会随时与广东前进牛仔进行一些创新想法的交流,不仅能传递给广东前进牛仔一些领先的行业、专业信息,也会和广东前进牛仔一起做大量的小样、大样试验,得出一些测试结果,进而开发出更有价值的创新产品。

第二节 授课专家概况

王宗文,大学本科,毕业于武汉纺织大学纺织工程专业。

自1993年6月起入职广东前进牛仔布有限公司至今,2000年加入公司董事会,现任广东前进牛仔布有限公司总经理、研发总监,兼任前进牛仔省级企业技术中心、广东省佛山市绿色环保牛仔面料及服装工程中心主任、中国棉纺织行业牛仔委员会委员、广东省纺织工程学会理事、广东省纺织职教委员会副理事长,获广东省纺织工程学会"突出贡献奖"、全国十佳纺织面料设计师、全国优秀首席信息官证书等奖项和荣誉。

其设计作品在面料设计大赛中已经获奖11项,其中一项荣获2020年度中国国际面料设计大赛金奖,被武汉纺织大学纺织学院聘为"特聘教授",入选2019年RIVET评选的"全球牛仔行业最具影响力人物50强",是迄今唯一一位当选的中国人,荣获佛山市科技进步奖三等奖,授权专利45项(其中发明专利13项),发表论文1篇,参与两项广东省的团体标准编写,主持编写中国棉纺织行业协会关于"绿色设计产品评价牛仔面料"团体标准和行业标准。

第三节 授课内容介绍及评述

一、大有可为的纺织及牛仔行业的发展

(一) 大有可为的纺织

1. 纺织行业30年前称夕阳，30年后论长青

关于人类生活，自古就有"衣食住行"之说，而"衣"被放在人类生活之首，这充分说明了纺织服装对人类生活的重要性。衣服从最开始的遮体到保暖，慢慢发展为美化生活，即衣服被赋予时尚性、功能性，从始至终一直贯穿在人类社会的发展中，并且会继续随着社会的发展而发展。

2. 纺织行业的崛起

理查德·阿克莱特发明了水力纺纱机；1793年，塞缪尔·斯莱特在罗德岛建立了美国第一家棉纺织厂，美国人称他为"美国工业革命的奠基者"。

纺织行业目前面临着一些契机，那就是技术革命、技术创新的到来，整个纺织行业将再次崛起。只要我们抓住这些契机，纺织行业的发展必定会乘风直上，发展得更加壮大。

3. 全球纺织业的现状及中国的情况

先从总体进出口来看新冠疫情以来的变化情况。据海关数据统计，2020年，我国货物贸易进出口总值32.16万亿元，比2019年增长1.9%，其中：出口17.93万亿元，增长4%；进口14.23万亿元，下降0.7%；贸易顺差3.7万亿元，增加27.4%。

海关总署称，我国外贸进出口从2020年6月份起连续7个月实现正增长，全年进出口总值、出口总值双双创历史新高，成为全球实现货物贸易正增长的主要经济体。

2020年，世界经济增长和全球贸易遭受严重冲击，我国外贸发展外部环境复杂又严峻，在这样困难的情况下，不仅实现了正增长，还创出了新高，能取得这样的成就，实属不易。

接下来看纺织业新冠疫情以来的变化情况。世界经济复苏缓慢，近期影响了中国纺织产品的出口，但也带来了机遇。一些纺织企业已经"走出去"，跨国配置技术资源、创新资源、营销资源、管理资源和制造资源等。中国的纺织企业走出去投资，不仅已进入发展中国家，也走进了发达国家。中国纺织服装产业技术、制造体系和中国品牌在本土表现出色，一些自主品牌已走出国门，进入国际市场，并且实现了产业落地。

4. 产业没有高端和低端，只有技术先进和落后

纺织作为民生必需的行业，它不仅不是所谓的低端产业，而且发展至今，它已成为高端的时尚产业，它还可以与智能化相联系成为高技术产业。

从全球范围来看,纺织工业是中国的优势产业之一,也是重要的支柱产业之一。与此同时,中国纺织行业在全球纺织产业中占有极其重要的席位。

(二)牛仔行业的发展

1. 牛仔行业情况

目前,国际上牛仔面料超过50%在中国生产,2019年产量是二十多亿米,全世界产量是五十几亿米,未来还会呈现增长趋势。根据欧睿的数据,牛仔布市场在2017年至2022年间,可能获得2%的复合增长率。

2. 牛仔行业发展和创新的方向

牛仔行业面临着一个研发突破的历史机遇期。

(1)可持续发展。我国牛仔服装产业普遍存在"三高"问题,即高污染、高排放、高劳动密集。目前采取的解决办法是进行清洁化生产,减少高污染、高排放的环境污染问题。

(2)智能化生产。树立自我品牌,提高产品附加值;采用数字化、信息化、高效化、环保化、自动化、生态化等技术,是我国牛仔服装行业的发展趋势,也是解决牛仔服装行业高劳动密集型的有效保障。

3. 疫情后的行业改变

3D数码化在牛仔布料和成衣洗衣领域的使用。最早的3D数码技术在纺织行业出现,差不多已有十年,但是进展一直比较缓慢。意外的是,疫情带来了一个非常好的契机,加快了3D数码技术的发展。如何把布料、成衣洗衣和虚拟试穿等精确地数码化,将会是对这一领地新的挑战。

目前,牛仔织物创新越来越快,也越来越多。比如,不局限于颜色:白色牛仔、蓝色牛仔、黑色牛仔、原色牛仔、彩色牛仔等花式牛仔;不局限于传统染料:靛蓝、硫化、还原、活性、酸性等染料和涂料染色;不局限于纤维及纺纱:棉、麻、丝、毛及涤、锦、腈、黏和各类新型纤维,以及长丝和短纤,各种纺纱加工方法都有运用;不局限于功能性:发热保暖、凉爽速干、抑菌、防静电、智能连接等;不局限于生产设备:梭织机、纬编机、经编机等;不局限于织物组织:斜纹、平纹、条子、纬二重、经二重等组织;不局限于款式:休闲、时装、通勤或运动等各式服装;不局限于弹性:0~100%弹力、360弹力等。

二、牛仔时尚业的精彩正是国内国牌的机遇

在人们的传统意识中,牛仔裤只有蓝色的,而专家给同学们展示了广东前进牛仔生产的很多其他颜色的牛仔裤,有白色、黑色、红色,专家告诉同学们,当前时代的牛仔布不限于颜色,不限于染料,不限于纤维及纺纱,不限于功能性,不限于生产设备,不限于织物组织,不限于款式,不限于弹性。也就是说,牛仔布可以用来做很多各式各样的服装,牛仔布应用已从工作服的传统领域向时尚业渗透,将来的发展必定更加光明。

在供给侧结构性改革的大背景下,增品种、创品牌和提品质的三品战略被提上议程。三品战略的有效落实对纺织行业的发展持续注入了新的活力。所谓三品战略,即通过品种、品牌、品质的提升形成核心动力,驱动行业发展,其在供给侧结构性改革方面主要表现在产业结构和产品结构调整上。供给侧结构性改革的持续发力,必将推动行业内不断革新,不断奋进。通过供给侧结构性改革,纺织行业利润较薄、产能过剩等问题预期能够得到有效解决,行业预期能够迎来较大发展。由纺织行业推广至整个劳动密集型产业,供给侧结构性改革的持续推动带来巨大的改革红利,使之获得新的长足发展。当前的情况,就是实现弯道超车的极好机遇。

牛仔服装是从美国起源的,从1849年坚实、耐用的Levi's牛仔裤到1934年女士蓝色的工装裤,牛仔服装逐渐成为"美国文化"的标志。20世纪60年代末,开始流行"嬉皮士"的自由风,牛仔服装逐渐成为一种流行趋势。

20世纪80年代,牛仔服装传入中国,成为年轻人的时尚象征。广东前进牛仔是最早一批引进牛仔项目的企业,也是最早的牛仔面料生产企业。20世纪90年代,牛仔服装的风格开始出现多元化、艺术化。破破烂烂的款式开始流行,低腰、反折及水桶式、萝卜裤、直筒裤纷纷出现。2000年后,舒适加入时尚成为主旋律,弹性、色彩的需求日益增强,中国牛仔服装发展走出商务休闲的风格。2010年,市场上开始流行运动服,这个潮流文化也影响着牛仔服装。消费者不再只追求怀旧直腿牛仔裤,他们要求穿着舒适和紧身裁剪,所以发展出超高弹、四面弹、功能性的牛仔裤。

如今,牛仔行业正面临一个研发突破的历史责任期。我国牛仔行业普遍存在高污染、高排放、高劳动密集的"三高"问题。解决清洁化生产,减少环境污染,实现可持续发展,是现代纺织行业面临的当务之急。智能化生产已经成为行业发展的必然趋势,是解决我国牛仔服装产业高劳动密集型的有效途径。

同时专家阐述了纺织行业发展和创新的方向:可持续发展+智能化生产,例如"迷你工厂"的诞生,本着"小工厂,少步骤"的理念,22秒生产一件服装,更加的智能化。专家所分享的这些新鲜东西,极大地改变了同学们的想法。专家也对同学们说,多了解现在企业的发展状况,才能更好地利用研究生学习的时光,好好掌握企业所需要的有用知识。

牛仔服产业作为一个市场持续上涨的领域,正处在树立自我品牌、提高产品附加值的时期。数字化、信息化、高效化、环保化、自动化、生态化是我国牛仔服装产业的发展趋势,该产业未来必然会面临可持续发展问题。

从中国纺织业现今的发展阶段来看,可持续发展是牛仔服装产业乃至纺织产业链所有阶段都面临的问题。现如今,消费者的环保意识比以往更高,他们更偏爱生产、运输、回收过程中对环境污染较小的产品,也更愿意支持有环保责任感的企业。本土服装企业应该正视品牌的环保问题,树立起品牌的环保形象。

三、合适才是企业的真需

专家结合自身管理公司的实际经历,告诉同学们当前纺织企业实际上最缺复合型人才。当公司交给一位员工一项任务的时候,这项任务可能同时涉及多个行业的知识,如果这个员工不了解相关知识,就没办法及时完成公司委派的这项任务。

因此,专家也告诫同学们,每个人都要珍惜在学校学习的时光,多了解与纺织行业密切相关的其他行业的知识,武装自己的头脑,成为一个复合型人才。同时,要学精自己专业的知识,成为行业专才,立足于改变整个行业。另外一点是同学们在选择企业的时候,要多方面地考虑,如公司的平台是否有利于个人发展?是否适合自己?这也很重要。必要的时候,同学们可以实地去公司考察一下,再做决定。

专家还提醒同学们,随着社会的发展,企业对人才需求的标准越来越高,越来越朝着综合型、复合型人才的方向发展。企业对高端人才的需求,除了要求他们掌握本专业的知识、能把握本行业前沿发展动态之外,还希望他们能学习企业管理、国内外营销等方面的知识。因此,要求同学们尽量利用在学校学习的机会,多涉及、掌握以上多方面知识,尽量把自己培养成为复合型人才,增强自己的竞争力,以满足企业和社会的需要。

四、选对路,走长线,充分发挥自身特长

专家在分享会上一直强调的观点是同学们一定要有自己的核心竞争力,一定要选对自己的工作方向。

现在,社会上存在很多学生一毕业就转行的情况,因为自己所学专业的行业赚钱并不多,当然这无可厚非。但是,同学们一定要想清楚转到其他行业后,自己的核心竞争力是什么。其他行业本来就有优秀人才,同学们转到其他行业之后,就要与这些优秀人才竞争,未来的发展是否一定比现在的发展更好?专家给同学们讲述了当年自己的同学毕业后的选择及后来的发展,许多转行的同学后来的发展并不理想。专家让同学们深刻地明白,一定要坚定自己所学的专业及行业,对其抱有持久且十足的信心,培养对自己所选行业的兴趣和热爱,并立志于改变行业的现状,促进行业的发展。由此,自己的事业才能得到长久的发展。

专家还告诉同学们,读研后要尽早确立目标。首先要知道自己将来想成为什么样的人?是想做一名行业专才,还是想做一名可以改变行业的人?目标确定后,接下来就是努力学习专业知识。

另外,一个人能否成才,机会很重要,平台也很重要,要懂得识别并且抓住好的平台。要有敏锐的洞察力,可以看懂平台。这些都是同学们平时要注意培养的能力。在选择平台时,眼光非常重要,不能只看眼前的利益,要从发展的角度长远地看。有些工作、有些

平台,虽然眼前收益不是很高,但能锻炼人,能获得很多学习机会,就值得选择。但有些工作、有些平台,虽然眼前收益不错,但从长远来看,学不到什么知识,没有什么发展潜力,就应该果断放弃。

五、唯有勇敢坚定的心,才能成就精彩的人生

专家告诉同学们,她能成为今天这样优秀的自己,有方方面面的原因,既有主观努力的成分,也有机遇的因素。但她感觉其中最重要的原因还是她有一颗坚定的心,一直在坚持自己的选择(即使没有这次机会,只要坚持,下次机会总会有)。每个人在成长过程中,没有一帆风顺的,都会经历各种挫折。每个人的成长都需要磨砺,只有经历了磨砺,才能有坚强的内心,才能面对未来的各种挑战。

专家从毕业的时候起一直到现在,深耕纺织行业二十余年,无论遇到多大的难题,她一直在努力克服。二十多年的时间在一个人的生命长河中是非常长的一段时间,始终坚持如一,始终坚信自己的选择,始终辛勤地工作,这是十分难能可贵的,这也代表着一种精神——坚持的精神。

人要成才,从来都没有一帆风顺的,需要在工作中打拼,更需要在逆境中磨砺。不管你将来在人生旅途中遇到多大困难,只要你克服了,都将成为你毕生的宝贵"财富",也将成为你前进道路上的真正动力。历经风雨,终将见彩虹。

很长一段时间里,一直有人在说中国的纺织行业是一个十分夕阳的行业,已经开始没落。但是专家的经历告诉同学们,中国的纺织行业并不是一个夕阳产业,其中有很多方面都是特别"朝阳"的,同学们应该摒弃旧时观念,多了解当下纺织行业的先进发展方面,在学校努力学习,掌握好专业知识,为将来工作奠定坚实的基础,为纺织工业的发展贡献自己的智慧,并成就自己精彩的人生。

第四节　个人成才的经验与体会

在讲座最后的互动环节,专家首先谈了循环经济和再生牛仔布。专家介绍,目前的再生牛仔布主要分为消费前再生牛仔布和穿着后再生牛仔布两大类。在消费前再生牛仔布当中,目前常用纤维如棉本身是可天然降解的,而对于化纤,已经研发出可降解的涤纶纤维,有待解决的是氨纶的降解问题。关于穿着后再生牛仔布,常采用漂水工艺,但是,这是一种非常不环保的生产工艺。不经过漂水的再生牛仔布属于低端产品,不太被广大消费者接受,发展前景并不乐观。广东前进牛仔布有限公司已经在着手研发一种棉骨包芯纱,即用可降解的棉织成外层骨架,其包裹住内芯的再生纱,由此来开发具有优良

的外观和内在性能的牛仔织物。

接着,专家强调要成才需要从复合型、全能型方面锻炼自己。专家强调纺织是一门应用科学,在实际生产中,往往会涉及多方面知识,同学们不能局限于单一专业,应当广泛涉猎相关专业知识。专家还用牛仔产品开发举例说明,如把针织面料做出机织面料性能的"双能牛仔"比单纯针织面料的牛仔布更受市场欢迎。开发人员只有专业知识的涵盖面足够广,才能实现多功能的创新面料开发。另外,专家指出如果未来希望做纺织企业的管理层人才,就更需要加强自身软实力的综合能力培养,不能因为管理方向的职业规划而回避基层的生产、实践经历,因为不经历产品最基础的生产环节,就不能明确产品开发的可行性,又如何能创新。同学们应当追求成为行业专才,也就是能够改变行业的人;而不能只做行业内的"搬运工",只会学习借鉴他人已成功的技术,缺少自己的核心竞争力,这样的人是非常容易被替代的。

专家还指出每个人在自身的职业规划上,要学会看懂"平台",关注企业文化,并珍惜企业提供的各类实习机会,不能放弃自己的长线竞争力。要意识到承受的压力越大,则机遇也越大。

接下来,专家为同学们简单介绍了她曾经的职业发展:专家在29岁时就成为生产厂长,在岗期间充分了解了车间内的各个岗位、每个流程的运行情况,甚至修机器、调浆料这些非常具体的技术工作也有所了解,并且经常亲身经历。只有这样,将来才能真正管理好工厂。

专家最后强调说专注自己的事情,不管别人的看法与偏见,将自己的事情做好,自然能得到认可。2019年时,她从完全专注于生产、技术转型做营销管理,再到现在成为2019年全球RIVET 50名最具影响力人物,这是至今唯一一位中国人获此殊荣。专家的成长经历对同学们有很大的教育与启发作用。

在最后总结成功的经验时,专家特意提了一个"逆商"的理念,也就是指一个人在遇到困难的时候(逆境中)的表现,能够在逆境中坚持下来的人,那他(她)离成功就不远了。同学们听后深有感触。

第五节 部分学生体会与感受

下面是部分同学听完讲座后的所思所想的精彩片段:

高倍倍:"听君一席话,胜读十年书。"听过王宗文女士对纺织行业和牛仔行业的介绍及她的个人工作经历总结,才知道自己曾经理解的纺织有多狭隘。纺织行业并不是夕阳产业,相反,它是具有无限潜力的、永恒的行业。它具有极强的包容性、多元性和时尚性。

纺织行业可以与计算机、人工智能、信息等现代科技相联系,并能作为各个产业的载体,是每个企业及其员工都能充分展示创意和发展潜能的一个行业。

王东:专家的分享带给我很多的启发。我们作为纺织专业的研究生,一定要脚踏实地,认真学习,要有一颗坚定的心,坚定自己的选择,充分发挥自己的聪明才智,立志于改变当下纺织行业还不够强的局面。

有人曾经说过:如果你觉得你的祖国不好,就去建设她;如果你觉得政府不好,就去考公务员作官;如果你觉得人民没素质,就从你开始做一个高素质的公民。

那么放在当下,我认为如果你觉得目前的纺织行业不好,那就去建设她,改变它的现状,为纺织行业做出自己应有的贡献。

乔阳:随着专硕人才日渐增加,企业和院校想要发展和进步,不能再照搬和模仿传统本科或学硕人才培养模式,而是应向满足社会发展需求的"大众化""应用性"领域谋求发展空间。学生更要清楚自身优势,补强短板,适应企业与社会需求,不停地学习,以追求更高的目标,在"大有可为的纺织业"奋斗出自己的一片天地。

潘真祯:王总在讲座中提出了一个概念——"逆商"。逆商是指人们面对逆境时做出的反应,即面对挫折、摆脱困境和超越困难的一种能力。

在当下竞争激烈的时代,除了扎实的专业技能和优秀的管理经验,是否拥有高逆商、能直面并摆脱困境,成为成功与否的关键要素。

因此,选择好自己的路,就坚定地走下去。需要磨砺,也会遇到困难,但一切都会是你毕生难得的经历。经风雨,见彩虹!

陈昊:确实,在纺织行业中,很多同学在刚刚进入企业时,会对进入车间上生产线十分抗拒,自视甚高,觉得自己是大学生而不愿下车间,对第一线的工作不屑一顾。可事实上这是一种眼高手低的行为。企业招聘高学历员工,当然不只是为了让他们担任车间生产工人的,企业对其抱有很高期待,是向着更高层次人才培养年轻员工的,期待他们承担企业未来的重要工作。可是,很多年轻的学生在刚刚开始时就退缩了,并没有看到长远的未来。我觉得这可能是我们这代人的缺点。

心浮气躁在这个网络时代尤为普遍,受各种短视频 APP 和影视作品的影响,未经磨砺,就期待着高薪、轻松的工作,是当代年轻人普遍的思想。但实践出真知,才是纺织这门应用型学科的真理。特别是作为专业硕士,我们在学校确实学到了很多知识,但仅仅有这些知识,并不足以让我们帮助企业解决许多实际问题,我们仍需到企业实践,将实践和理论相结合,才能发挥出最大的作用。

戴贺艳:企业的创新、管理、营销是一家企业成功关键的要点所在。创新也不是一味地找到新的方法、新的技术,我们常常需要尝试着和客户多进行交流,了解市场真实所需,对症下药也能获得创新的效果。不需要完全摒弃旧传统、旧思想,要学会扬长避短,学会在以往的基础上进行革新。

团队合作、多方面人才的聚集、培养更多不同方面的才能，不失为一种新的改进方法。在管理方面，成本基础的掌控要多留意，利润是销售额减去成本，在成本上多下功夫，对待员工可以采取奖惩模式，能更加鼓励大家的积极性。在营销方面，学会采取网络营销手段，传播范围更广，更为大众知晓。适当增加企业中的营销人员，并进行着重培养，产品性能再好，没有好的推广，也会无济于事。

刘玉萌：在专家演讲中，绝大部分的前辈都强调了有一个健康身体的重要性。作为青年的我们，要珍惜自己的身体，加强锻炼，提高身体素质。只有身体好了，我们才能有精力成为产品的开发者、产业的引领者。

近些年飞速发展的新形势催人奋进，只要学校及企业采取一系列积极有力的措施，纺织人专心于自己的专业，随着综合能力的提升，纺织工业复合型高级人才的培养就能加速，从而推动我国纺织经济更快、更好地发展。

刘芳：通过这次讲座，我有如下收获：想要成为一名合格的管理人员，必须学会站在别人的角度考虑问题；想要成为一个具有国际视野的高层次的营销人才，在集体工作中要学会吃亏，要懂得包容，要拥有团队集体意识和合作精神，这样才能支持个人长远的发展。我们一定要追求自己的事业，无论是交友还是择偶，都要选择志同道合，可以相互支持的人。

通过这次讲座，我对纺织行业的发展和个人的成长方向都有了更清晰的认识。纺织行业在未来会是极其绿色的产业，必将实现材料的循环利用和取自自然、回归自然的闭环生产方式。这对于我们新一代的纺织人提出了新的要求，在提高和扎实自己专业基础的同时，更要全面地提升自己的综合能力，以适应行业发展的需要。

第六节 小　　结

专家以她自身成长的经历，演绎了"奋斗"改变人生的"经典"。

专家二十多年前从大学毕业就进入企业工作，从一名什么都不太懂的"小姑娘"，成长为国内一家著名牛仔布生产企业的"掌门人"。现任广东前进牛仔布有限公司总经理、研发总监，兼任前进牛仔省级企业技术中心、广东省佛山市绿色环保牛仔面料及服装工程中心主任、广东省纺织工程学会理事，获得全国十佳纺织面料设计师、全国优秀首席信息官证书等荣誉，荣获2020年度中国国际面料大赛金奖，被武汉纺织大学纺织学院聘为"特聘教授"，这次又被东华大学纺织学院聘为"讲座教授"，专给纺织工程专业学位研究生开讲座，入选2019年RIVET评选的"全球牛仔行业最具影响力人物50强"，是迄今唯

——位当选的中国人。

纵观专家的成长经历,同学们得到了许多启示,也有许多值得总结的经验。其中最值得铭记的是一个人要成功,除了工作认真、刻苦钻研之外,还应该有很高的"逆商",也就是指一个人在遇到困难的时候(逆境中)有战胜困难的勇气。

如果一个人能够在逆境中坚持下来,不放弃、不抛弃,那他(她)离成功就不远了。

后　序

本教材编写至此，已告一段落。留有一点遗憾和一点体会。

先谈遗憾，本课程原计划聘请10～12位不同纺织领域、不同方面（设想聘请在纺织企业管理工作非常优秀的、科技攻关和产品开发非常出色的、国际国内营销和创业非常成功的等）的校外专家来校给专业学位研究生上课。但由于时间和条件限制，特别是新冠疫情的影响等，只请到了七位专家。好在所请专家包含了上面说的各方面的非常出色的代表，能满足同学们方方面面及各类职业规划的需要。

再谈一点体会，也可以说是介绍一下这本书的一些特色。

这本书与通常教材有些不一样，虽然它是根据专家们的报告内容整理、编辑而成的，但它系统归纳的是几位专家大学毕业进入单位后的成长经历，其中有专家所经历的磨难、成功的喜悦，以及在成才道路上的所思、所想、所悟，内容真实感人。

过去，很少有一本这样的书，它全面介绍了成功人士的成长经历，涉及面非常广（管理的、科技攻关和产品开发的、营销和创业的等），是一本难得的、生动活泼、案例鲜明的书。

另外，难能可贵的是本书还收集了同学们听完报告后所谈的体会，以及触及自己灵魂的一些认识等，极具可读性。通过这门课的学习，许多同学内心有许多的震撼，陷入了沉思：未来纺织应该怎样发展？自己个人应该怎样面对？在走入职场前，应该做好怎样的准备？书中都给出了一定的回答。

晏雄　覃小红

2022年4月

附录 为专家授予"讲座教授"荣誉证书

江苏丹毛纺织股份有限公司 徐导

江苏丹毛纺织股份有限公司　俞金林

山东如意科技集团有限公司　陈超

丝情画奕品牌及丝情画奕服饰有限公司　聂开伟

安踏体育用品集团有限公司　李景川

上海申达股份有限公司　龚杜弟

广东前进牛仔布有限公司　王宗文